AF450855

LE
RATIO STUDIORUM

DE LA

COMPAGNIE DE JÉSUS

LE
RATIO STUDIORUM

DE LA

COMPAGNIE DE JÉSUS

PAR

LE R. P. F. MONNERET
De la Compagnie de Jésus

Extrait des *Études religieuses*

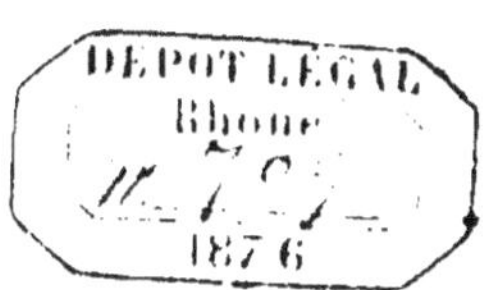

LYON

IMPRIMERIE PITRAT AINÉ
RUE GENTIL, 4

1876

LE
RATIO STUDIORUM
DE LA COMPAGNIE DE JÉSUS

Les questions qui se rattachent à l'enseignement ont, aujourd'hui surtout, une importance qu'on ne conteste pas. Or, dans tout enseignement la méthode joue un rôle considérable : c'est ce qui nous a donné la pensée d'étudier ce que furent les méthodes anciennes et de les mettre en présence des systèmes actuels, afin de fournir à nos lecteurs les éléments d'une comparaison et les données d'un jugement qui a son intérêt et son utilité. Nous dirons d'abord quelque chose du prix qu'on a attaché de tout temps aux études littéraires et du rôle qu'elles doivent jouer dans l'éducation ; et nous verrons ensuite comment nos ancêtres prétendaient les enseigner. Ces traditions nous ont été conservées dans un livre précieux à plus d'un titre, et sur les prescriptions duquel, malgré des entraves de plus d'une sorte, plusieurs colléges catholiques florissants s'efforcent de se régler de plus en plus.

Souvent des particuliers, des chefs d'établissements, voués comme nous au pénible mais consolant labeur de l'enseignement, ont bien voulu s'enquérir de notre plan d'études, connu sous le nom de *Ratio studiorum*. Cet écrit pourra donner la réponse à plusieurs de leurs questions, et sans avoir la prétention d'imposer un modèle, il aura peut-être la bonne fortune de n'être point inutile à tant d'hommes généreux, qui appellent de tous leurs vœux la restauration des études et de l'éducation parmi nous, pour contribuer par là au relèvement de la Patrie, au bonheur de leurs concitoyens et à la gloire de Dieu.

I. — ÉTUDE DES LETTRES ANCIENNES. — SON IMPORTANCE

Un homme, que ses légations apostoliques, sa science et son éloquence ont rendu illustre, le Père Possevin, disait que négliger la culture des intelligences c'est les éloigner des sentiers de la sagesse et de la religion : *dixi averti a semita religionis et sapientiæ, cum non excoluntur ingenia* [1] ; et un protestant célèbre dans ce siècle, M. Guizot, faisait entendre à la tribune ces remarquables paroles : « Les esprits, et les sociétés avec eux, ne deviennent grands qu'en se formant dès l'enfance à goûter les chefs-d'œuvre, et à recueillir les trésors du passé. » Cette étude paraissait à la fois si noble et si nécessaire aux anciens qu'ils lui attribuaient en quelque sorte le privilége d'achever l'homme et de perfectionner l'humanité. De là ce nom glorieux d'*humaniores litteræ* dont ils la décoraient, et le titre de *barbares* qu'ils infligeaient aux peuples chez qui elle était négligée.

L'Église, qui est à l'abri des séductions de l'erreur comme des entraînements du préjugé, a, dès son origine, assez fait voir que sur ce point elle pensait comme l'antiquité. Dès qu'elle peut se produire au grand jour, elle ouvre des écoles où les lettres et les sciences sont à l'envi cultivées. Ses saints et ses docteurs veulent « que la foi s'embellisse de la science, et que la science s'affermisse sur la foi. » Avec un instinct de malice satanique, Julien l'Apostat comprend que le meilleur moyen de la condamner à l'oubli et à l'ignominie, c'est de lui interdire tout ensemble l'enseignement et l'étude. Mais, dès que le tyran est descendu dans la tombe et qu'un rayon de liberté vient à briller, elle met tout en œuvre pour rouvrir et multiplier ses écoles. Durant la longue nuit des siècles bouleversés qui suivirent, les lettres, comme d'illustres proscrites, ne cessent de trouver un abri dans les monastères, asiles de la prière et de la pénitence, dans les palais des princes de l'Église et à l'ombre du trône des Pontifes romains.

On peut s'étonner peut-être, au premier abord, de ce culte de

[1] *Bibl. reth.*, c. I.

tous les siècles pour les anciennes littératures et du choix qu'on
a fait d'elles pour servir et présider en souveraines au développement intellectuel et à la formation des jeunes générations. La
divine Providence, dans sa maternelle sollicitude pour l'enfant
nouveau-né, lui a préparé dans le lait dont il doit se nourrir
longtemps un breuvage rafraîchissant et un aliment tout ensemble, les seuls que sa frêle constitution puisse supporter.
Bientôt après, un phénomène analogue se produit dans l'ordre
intellectuel, et les lettres jouissent d'une prérogative semblable
vis-à-vis des facultés de l'enfant devenu adolescent. C'est en elles,
après l'étude de la religion, c'est-à-dire dans le vrai, le beau et
le bien, qui sont au fond des chefs-d'œuvre littéraires, *sagement
choisis et chrétiennement expliqués*, que se trouvent renfermés
les sucs nourriciers et les principes désaltérants dont a besoin
cette jeune intelligence avec ses facultés multiples pour grandir,
se fortifier, s'épanouir enfin pleinement à la lumière de la vérité
et de la vertu. Mais cette culture intellectuelle ne peut se passer
du secours des sens. Les sens sont même tellement nécessaires
au développement de l'intelligence humaine que c'est d'eux que
dépend l'usage de la raison [1]. De tous les sens, l'ouïe est le
plus indispensable ; c'est par son moyen que la parole, se faisant
jour jusque dans les profondeurs de l'âme, y éveille la raison
endormie, lui offre son premier point d'appui et l'affermit peu à
peu. Or, voici que, bientôt après, l'étude des langues, mettra
l'intelligence de l'enfant en contact avec la parole la plus cor-
recte, la plus élégante et la plus parfaite qui ait retenti dans
l'humanité. Les princes des orateurs, les plus excellents des
poëtes sortent en quelque façon du silence et de la nuit du tom-
beau pour venir se faire entendre aux générations qui se succèdent, leur montrer la carrière et les entraîner sur leurs pas.
Pleine d'images, de sentiment et de lumière, leur parole prend
sur ses ailes les facultés encore engourdies de l'enfant, les
sollicite doucement et les convie à une activité qui doit leur donner la vigueur et la vie, suivant ce principe reconnu des philosophes, que tout exercice en harmonie avec la nature d'une
faculté est pour cette faculté une *cause de perfectionnement*

---

[1] Saint Thomas, 1ª ques. 84, art. vi.

(Arist., I *Ethic.*); enfin elle les élève insensiblement et sans
secousse à sa hauteur, comme l'aigle emporte ses petits dans les
airs qui doivent être bientôt leur royaume. Ce n'est pas le corps
seulement, comme dans les arts mécaniques ou les exercices du
gymnase, l'imagination, comme dans les arts libéraux, la raison
pure ou mutilée, comme dans les sciences exactes, mais l'âme
tout entière, qui se trouve saisie, exercée et perfectionnée en même
temps dans les trois grandes facultés littéraires dont Dieu l'a enri-
chie : l'*intelligence*, l'*imagination*, la *sensibilité*, et dont le perfectionnement particulier constitue, avec celui de la volonté
qu'elles éclairent et ennoblissent, la perfection totale de l'homme.
C'est ce qu'exprimait naguère, en termes si précis, un des écrivains de cette Revue, quand il disait : « Les lettres s'appellent
excellemment lettres humaines, parce qu'elles sont l'expression
de tout l'homme, qu'elles atteignent l'homme tout entier, et enfin
perfectionnent chacune des facultés qu'elles mettent en jeu [1]. »

Nous aurons l'occasion d'approfondir davantage ce consolant
phénomène. En attendant, ce qui précède pourrait déjà servir,
surtout au temps où nous vivons, à expliquer à beaucoup d'hommes, d'ailleurs bien intentionnés, l'estime que nous faisons des
études littéraires et la supériorité des siècles où elles furent en
honneur, sur ceux où elles sont négligées, ou bien encore, comme
aujourd'hui, plus ou moins supplantées par les sciences. Autrefois l'homme cherchait à augmenter sa valeur personnelle ; aujourd'hui, il veut surtout augmenter sa fortune. Il lui semble qu'il
vaudra toujours assez s'il est riche. Il ne s'aperçoit pas, que
comme s'exprime Bossuet, « son argent, qu'il appelle son bien, est
dehors ; tandis que le dedans, qui est lui-même, demeure vide
et pauvre. » Aussi, d'une part, aggrandissement des domaines,
multiplication des capitaux ; mais en revanche, diminution de la
valeur intellectuelle et morale de l'individu, amoindrissement des
âmes ; élévation extérieure et apparente, mais abaissement réel ;
satisfaction des sens, mais indigence des plus nobles facultés ;
enfin oubli des devoirs, et mépris de la vertu : on dirait que la
divine Providence a voulu nous faire toucher du doigt ce dou-

----

[1] Introduction à une théorie philosophique de la littérature. Mai 1874. G. Long-
haye.

loureux contraste, lorsque, dernièrement, au milieu d'une tourmente où pouvaient sombrer, avec la fortune sociale, les fortunes
particulières, la France qui devait avoir tant d'or pour payer sa
rançon, trouva si peu d'hommes pour assurer son salut et venger
son honneur. C'est aux revenus ou aux émoluments que nombre
d'intelligences obscurcies et de cœurs rabaissés jugent de l'importance d'un personnage et de l'honneur d'une position. De là
le cas qu'ils font en particulier des sciences physiques et mathématiques, qui ne sont ni toute la science, ni des sciences les plus
nobles, mais qui ouvrent un plus facile accès aux carrières
lucratives ; et comme, au jugement de ces hommes dégénérés,
l'homme vaut ce qu'il possède, les études qui aideraient le plus
à former les intelligences et les caractères, à relever la dignité
humaine, ces études, celles des lettres et de la philosophie, sont
mises en oubli ou dédaignées. Heureusement pour la société,
l'élite des esprits a d'autres pensées, et, malgré les attentats conçus ou perpétrés par d'éphémères ministres de l'instruction publique, les études classiques et littéraires conservent une place,
sinon suffisante à leur importance, du moins considérable, dans
les programmes d'examen.

On demandera peut-être pourquoi, d'un accord unanime, les
peuples civilisés ont choisi de préférence les langues anciennes
pour présider à la formation de la jeunesse studieuse et à l'éducation nationale. A cette question, portée à la tribune de 1837,
Lamartine répondait : « C'est un mystère, mais c'est un fait, que
l'image et le sentiment du beau se révèlent avec plus d'évidence
et de force dans les chefs-d'œuvre de l'antiquité. » Nous le disons aussi ; mais pour donner à cette intéressante question les
éclaircissements suffisants, nous ferons d'abord remarquer que les
lettres anciennes doivent à leur antiquité, outre une perfection
particulière, le mérite d'être les langues mères de nos idiomes
modernes les plus perfectionnés. Sans parler des sciences et des
arts qui empruntent au latin et au grec leurs termes techniques,
n'est-ce pas du latin et du grec que se sont formées, en grande partie,
les trois plus belles langues qui se parlent en Europe : l'italien,
l'espagnol et le français ? Et pour nous, en particulier, si nous
voulons remonter le cours des âges et visiter les premiers monuments de notre langue nationale, ne les trouvons-nous pas,

pour ainsi dire, tout latins ? N'est-ce pas la connaissance du latin qui nous sert à les interpréter ? Quel avantage de connaître ainsi les origines de notre langue, la plus honorée de toutes celles qui se parlent au monde, de nous replacer sur le sol fecond où elle est née et d'y retrouver toujours vivants les germes précieux qui l'ont fait épanouir ! Là, désinences, étymologies, dérivations, tours de phrases, tout nous instruit, tout contribue à nous faire pénétrer plus avant dans l'intelligence de cette langue qui est la nôtre et à nous en révéler les mystères secrets. L'esprit ainsi éclairé redescend de ces hauteurs avec son caractère propre, qui n'a pu s'altérer au contact de génies parlant un autre idiome et traitant des sujets également différents, et, quand il faut agir, il imprime à sa parole ou à ses écrits un cachet original, que ne lui eût point donné l'étude exclusive d'écrivains nationaux, dont, comme tant d'autres, il serait demeuré un pâle reflet ou un écho affaibli.

C'est ce qui faisait dire à M. Guizot : « l'étude de la langue nationale ne saurait être solide et complète si elle ne se rattache à l'étude des langues primitives, d'où la langue nationale est dérivée. » Et Rivarol remarque avec justesse « qu'on peut diviser les Français en deux classes : la première, composée de ceux qui ne savent que le français ; la seconde, de ceux qui connaissent les sources d'où cette langue a tiré ses richesses. » Les premiers, soit qu'ils parlent, soit qu'ils écrivent, se trahissent toujours par quelque endroit, « l'usage ne pouvant jamais suppléer qu'imparfaitement à ce qui manque à leurs premières études. »

Indépendamment de cet avantage, qui consiste à nous reporter aux sources mêmes d'où notre langue découle, nous avons dit que les langues anciennes doivent à leur antiquité une perfection spéciale. Platon en était tellement frappé qu'il fait dire à Cratyle dans son dialogue avec Socrate : « C'est une intelligence plus qu'humaine qui a primitivement imposé aux choses leurs noms particuliers ; de là vient que ces noms sont si justes : Οἶμαι μὲν ἐγώ... μείζω τινὰ δύναμιν εἶναι ἢ ἀνθρωπείαν τὴν θεμένην τὰ πρῶτα ὀνόματα τοῖς πράγμασιν, ὥστε ἀναγκαῖον εἶναι αὐτὰ ὀρθῶς ἔχειν. » Et Cicéron, traduisant la même pensée, nous en donne cette explication : c'est que l'antiquité est plus voisine de Dieu : *Antiquitas proxime accedit ad deos.* Ne dirait-on pas que ces deux grands hommes ont eu quelque écho des scènes de l'Eden et du Sennaar, ou

Dieu, s'entretenant avec Adam et les patriarches, leur apprenait
à nommer les êtres de la création et les instruisait de ses vo-
lontés saintes ? Longtemps même après la confusion des langues
à la tour de Babel, le langage humain dut conserver la perfection et le cachet de sa divine origine, renouvelée par un miracle.
Ce qui a fait dire au comte de Maistre ces remarquables paroles :
« A mesure qu'on s'élève vers ces temps d'ignorance qui virent
la naissance des langues, on trouve toujours plus de logique
et de profondeur dans la formation des mots ; et ce talent
disparaît par une gradation contraire, à mesure qu'on descend
vers les époques de civilisation et de science[1]. »

Mais les langues grecque et latine se recommandent à nous à
d'autres titres encore que ceux de l'ancienneté et, en quelque
sorte, de la maternité. Aucunes n'ont été plus fécondes en chefs-
d'œuvre que nous puissions admirer. Littérature, éloquence,
histoire, poésie, les modèles abondent et quels modèles ! Homère,
Sophocle, Démosthène, les Pères grecs, Virgile, Horace, Cicéron, pour ne nommer pas les autres ! Quel est l'homme assez
dépourvu de sens littéraire pour ne point goûter de tels génies
et refuser de s'incliner devant de pareilles autorités ? Ce n'est
pas tout. Il importe souverainement pour le littérateur, le poëte
et l'orateur, de ne point se méprendre sur la véritable notion du
beau, sous peine de se précipiter et de précipiter peut-être avec
lui toute une génération, dans le laid, le hideux, l'extravagant,
l'immoral. N'avons-nous pas vu des tentatives de ce genre ? et
elles n'ont eu que trop de succès. Quel est l'idiome moderne qui
a su et saura toujours s'en garantir ? Il faut donc que le vrai, que
le beau littéraire, par sa fixité immuable, soit à l'abri de ces
autres invasions barbares ; il faut même qu'il soit hors d'atteinte
aux témérités ou à l'insuffisance du maître, qui peut lui aussi se
laisser entraîner par l'engouement d'une école, d'un genre ou
d'un siècle dévoyé. Comme à tout le reste, la divine Providence
y a pourvu : ce vrai, ce beau littéraire, le voilà fixé pour ainsi
dire et vivant, dans des monuments « plus durables que le bronze. »
Quand les sages préceptes des anciens, quand les *Poétiques*, les
Rhétoriques, des Aristote, des Cicéron, des Horace et des Quin-

tilien viendraient à périr, nous les retrouverions tout entières, et plus instructives encore, dans les impérissables chefs-d'œuvre qu'elles ont dirigés ou analysés, et qui demeureront les oracles éternels du goût en même temps que les merveilles du génie.

On entrevoit déjà de quelle souveraine importance il est pour la formation normale et régulière du jeune homme destiné aux carrières libérales de vivre d'abord en compagnie de ces chefs-d'œuvre. Rien ne saurait compenser cet avantage. En retardant de quelque temps des études spéciales, cette étude, soigneusement faite, donnerait à l'esprit non-seulement une politesse, mais une maturité et un élan qui hâteraient ses succès dans toutes les autres branches de connaissances. Pour la négliger, on s'expose à tout compromettre, comme le prouvent l'expérience et l'autorité des hommes les plus compétents.

Qui ne sait les résultats funestes où aboutirent les diverses tentatives faites en France ou à l'étranger pour faire prédominer les sciences physiques et mathématiques dans les programmes d'enseignement secondaire ? « En six ans, on eut une jeunesse presque entière d'une honteuse ignorance. En 1800, les examens subis par les élèves des écoles spéciales du gouvernement apprirent au pays épouvanté où étaient tombées les études. L'empire de l'intelligence était menacé parmi nous[1]. »

En Bavière, le résultat fut « qu'on n'arriva pas même à la médiocrité, jusqu'à ce que le gouvernement, inquiet de la décadence de l'instruction publique, céda à l'opinion générale et revint à l'étude approfondie des littératures anciennes[2]. »

« C'est que, dit M. de Bonald, dans les études scientifiques l'esprit se dessèche et se consume sur des abstractions muettes pour la raison comme pour le cœur, et devient quelquefois inhabile à concevoir les hautes vérités et les grands sentiments de la morale..... Ces études absorbent la faculté de penser et même la faussent, en lui faisant contracter l'habitude de soumettre au compas et au calcul ce qui doit être jugé et senti ; la première fleur de l'imagination et même du sentiment se flétrit sur des contemplations arides et de stériles nomenclatures[3]. « Descartes

---

[1] Poirson, *Recueil des lois et règlements pour l'instruction publique.*
[2] Tiersch.
[3] *Mélanges,* II.

allait jusqu'à dire « qu'elles peuvent désaccoutumer, en quelque
sorte, de l'usage de la raison [1], » et Pascal ne craignait pas
d'affirmer que « les géomètres qui ne sont que géomètres, étant
accoutumés aux principes nets et grossiers de la géométrie, se
perdent dans les choses de finesse où les principes ne se laissent
pas manier. Il est rare, ajoute-t-il, que les géomètres soient
fins, à cause que les géomètres veulent traiter géométriquement
les choses fines. Si on ne leur explique bien toutes choses par
définitions et principes, ils sont faux et insupportables ; ils ne
sont droits que sur les principes bien éclaircis [2]. » Cette vérité
trouve une éclatante confirmation dans la remarque qui a été
faite cent fois en France, en Angleterre, en Amérique, par les
professeurs de mathématiques des cours supérieurs : ils cons-
tatent l'infériorité notable, au point de vue intellectuel, des jeunes
gens qu'une forte éducation littéraire n'a pas préparés aux spé-
culations abstraites de la science.

« J'aime les sciences mathématiques et physiques, disait
Napoléon; chacune d'elles est une belle application partielle de
l'esprit humain. Les lettres, c'est l'esprit humain lui-même,
c'est l'éducation générale qui prépare à tout, c'est l'éducation
de l'âme. »

Tous ces témoignages expliquent l'importance que, de tout
temps, la Compagnie de Jésus a attachée aux études littéraires.
Elle n'a jamais cessé de les recommander, de les encourager par
la bouche de ses généraux et de ses hommes les plus éminents; et,
non contente de dévouer un grand nombre de ses membres à cet
enseignement, elle lui a élevé dans le *Ratio studiorum* un des
plus beaux monuments peut-être qui ait jamais été consacré à
son honneur et à sa prospérité.

II. — ORIGINE DU RATIO

Composé à la fin du XVIᵉ siècle, ce code d'enseignement peut
être regardé comme le recueil de tout ce qu'on avait pratiqué de
plus excellent, en fait de méthode, durant cette époque brillante

---

[1] *Lib. de dir. ing. rep.*, 4.
[2] *Pensées*, art. VII.

de l'histoire littéraire. Saint Ignace, qui en a jeté les fondements dans la quatrième partie des Constitutions, s'était inspiré de ce qu'il avait vu lui-même dans les écoles, et des documents que lui avaient apportés des disciples illustres, venus de toutes les académies et universités de l'Europe [1]. Le sage fondateur ne voulut pas néanmoins en fixer toutes les prescriptions avant qu'elles eussent reçu la consécration du temps et de l'expérience [2].

En 1584, la Providence paraissait avoir tout préparé pour l'achèvement de cette œuvre importante. La Compagnie, pendant quarante-quatre ans, avait vu se multiplier ses colléges, où des hommes de mérite distribuaient l'instruction avec un grand succès et donnaient à leurs livres classiques une perfection qui a défié tous ceux qui sont venus après eux. Le P. Aquaviva, qui gouvernait alors la Compagnie avec une rare intelligence, mit tous ses soins à faire de cette œuvre un monument digne du but si élevé que l'on poursuivait.

On commença par prescrire à tout l'Ordre des prières, des messes et des pénitences, comme c'est l'usage dans les plus graves conjonctures, afin d'implorer les lumières du Ciel. Ensuite les députés des différentes provinces, choisis parmi les hommes les plus éminents et les plus versés dans ces matières, se réunirent à Rome. Le P. Aquaviva voulut les présenter lui-même au Souverain Pontife et faire descendre sur eux, par la main du vicaire de Jésus-Christ, la bénédiction divine. Grégoire XIII les accueillit avec bonté, et, dans le discours qu'il leur adressa, faisant entendre combien l'Église était intéressée à l'œuvre qu'ils allaient entreprendre, il leur recommanda d'y consacrer tous leurs soins et de ne rien négliger pour la conduire promptement à bonne fin : *Sedulitatem ac celeritatem operi adeo salutari ut adhiberent hortatus est* [3]. Enfin il les congédia après les avoir comblés de bénédictions, eux et leur grande entreprise : *Ubere benedictione tantæ rei initium sancxit.* Les cardinaux les plus illustres par leur science et par leur sainteté s'associèrent à ces témoignages de bienveillance et d'intérêt.

---

[1] Possevin, *Bibl.*, l. I, c. 38.
[2] Possevin. *Bibl.*, ibidem.
[3] *Const. declar.*, c. XIII, A.

C'est avec de si puissants encouragements que les Pères se mirent à l'œuvre. Ils devaient s'occuper de l'enseignement des sciences sacrées, en même temps que de celui des lettres. On peut lire dans le Père Possevin le récit des immenses travaux auxquels se livra la commission. Quand l'œuvre élaborée avec tant de fatigues et tant de soins fut terminée, avant de rien prescrire, le Père général la soumit d'abord à la révision des docteurs du Collége romain, c'est-à-dire de douze Pères renommés par leur science et déjà célèbres dans l'enseignement, puis on l'envoya à tous les colléges de la Compagnie pour y subir l'épreuve de la pratique, en même temps que l'examen des hommes les plus expérimentés. Le P. Aquaviva exigeait que chaque province lui fît part de ses observations. Trois membres de la commission, les PP. Gonzalez, Azor et Tucci, étaient demeurés à Rome à l'effet de les recueillir. Elles furent examinées en présence du Père général et de ses assistants. Tout ce qui avait trait à la formation littéraire des religieux de la Compagnie reçut une pleine approbation. Quant à l'ensemble du *Ratio studiorum* ainsi révisé, afin d'en faciliter la pratique et de lui donner un dernier degré de perfection, on décida de le soumettre encore durant trois années à un nouvel essai et à un dernier examen. Enfin, quand tout fut achevé, que l'on eut fait droit à toutes les demandes et à toutes les observations qui paraissaient fondées, le P. Aquaviva l'envoya aux différentes provinces de l'Ordre, recommandant à tous les religieux le plus grand respect pour cette œuvre, fruit de tant de prières et de tant de veilles, monument enfin de la sagesse d'un si grand nombre d'hommes illustres et, pour ainsi dire, de celle de la Compagnie tout entière.

Cette œuvre, qui arrachait à Bacon ce cri d'admiration : « Jamais on n'a rien inventé de plus parfait, » fut l'instrument puissant auquel la Compagnie dut bientôt l'éclat de son enseignement. De ses colléges et de ses universités on vit sortir une foule de jeunes gens qui devaient s'illustrer dans toutes les carrières : des pontifes, des généraux, des magistrats et des savants, qui seront la gloire éternelle de leur patrie et de ceux qui eurent le bonheur de les former à la science et à la vertu ; enfin, et pour tout dire en un mot, c'est avec un code d'ensei gnement ainsi rédigé que la Compagnie contribua, pour sa large part, à préparer les splendeurs chrétiennes et littéraires du siècle de Louis XIV : c'est, pour ne citer que quelques noms, sur ce modèle qu'elle se régla pour élever dans les lettres et la piété Bossuet, Bourdaloue, Corneille et Condé.

Qu'est-ce qui vint interrompre et faillit même anéantir ces succès brillants que la Compagnie partageait avec les anciens établissements d'éducation, régis par des lois analogues?

Une révolution profonde dans l'enseignement, commencée par les jansénistes de Port-Royal, continuée et agrandie, dans le siècle suivant, par la suppression de la Compagnie ; l'envahissement de programmes révolutionnaires ; enfin, à la place des universités anciennes, la création d'une université héritière des idées de Port-Royal, longtemps seule maitresse de l'enseignement, et livrée aux perpétuelles variations de programmes souvent mal connus et sans cesse remaniés.

Tels sont les faits qu'il s'agit d'étudier en en discutant la nature et les principes. A l'œuvre de la Compagnie et à son enseignement, que nous analyserons ensuite, voyons d'abord quelle œuvre et quel enseignement furent opposés.

III. — PORT-ROYAL

Vers le milieu du XVIIe siècle, on vit surgir une nouvelle école pédagogique, qui, rompant avec les traditions du passé et la pratique universelle des écoles de tous les pays, imagina d'enseigner en français les langues anciennes. Port-Royal fut son berceau et le janséniste Lancelot son fondateur. « Il y a longtemps, dit-il, que plusieurs personnes ont remarqué que la manière dont on se sert d'ordinaire pour apprendre le latin aux enfants, est fort embrouillée et difficile, et qu'il eût été à souhaiter qu'on leur rendît plus agréable l'entrée d'une chose aussi utile, comme est la connaissance de cette langue [1]. » Afin de remédier au mal, et de changer, ajoute-t-il, pour les enfants « une obscurité ennuyeuse en une agréable lumière ; de leur faire cueillir des roses

---

[1] *Nouvelle Méthode pour apprendre plus facilement la langue latine*. Avis au lecteur.

là où ils ne cueillaient que des épines, » il crut que ce serait
assez de mettre en français la grammaire qu'on étudiait à cette
époque en latin, dans l'ouvrage de Despautère, alors partout
répandu. C'est à cette idée que nous devons l'indigeste in-octavo,
où, en huit cents pages d'un style lourd et souvent barbare, Lancelot entasse la traduction des *Préceptes* qu'il emprunte d'ordinaire
à la *Minerve* de Sanctius, professeur à l'université de Salaman-
que, et aux deux savants allemands Scioppius et Vossius.

Dans ce fait, peu considérable en apparence, dans cette
réforme spécieuse, il y avait une révolution profonde ; c'était le
point de départ d'un système, qui, en se développant, allait peu
à peu changer la face de l'enseignement ; substituer le livre au
maître ; faire passer la langue latine, vivante alors, à l'état de
langue morte ; enfin amener comme fatalement une décadence
intellectuelle et morale dont il n'est que trop aisé de constater
l'étendue et la profondeur.

Toutefois les traditions de l'antiquité avaient si profondément
pénétré l'enseignement que, dans les écoles mêmes où cette
nouveauté fut admise, son principe fondamental ne put s'éten-
dre d'abord au delà des grammaires.

Plus tard, on l'appliqua aussi aux auteurs grecs et latins
qui sont expliqués dans les classes. Les commentaires, réservés
primitivement aux professeurs, passèrent dans des notes ajou-
tées au texte que les élèves avaient dans les mains. C'était
toujours substituer le livre au professeur. Le xviiie siècle fit un
pas de plus et réalisa le vœu formé par Lancelot dans la préface
de sa grammaire grecque ; il plaça à côté du texte grec et latin
une traduction française à l'usage des élèves. Le xixe siècle,
pour perfectionner la méthode, nous inonde d'un déluge de traductions de toute espèce, interlinéaires, juxtalinéaires, où à
chaque mot latin et grec est accolé le mot français qui en exprime
la signification. On ne peut donc le nier, depuis Port-Royal, et
grâce à son inspiration, les livres destinés à introduire les jeunes
gens dans la connaissance des langues anciennes sont devenus
d'un accès de plus en plus facile. Mais cette connaissance elle-
même s'est-elle développée dans la même proportion ? C'est
précisément le contraire qui est arrivé.

« Les écrivains de Port-Royal, dit le comte de Maistre, firent un mal sensible aux études classiques par leur malheureux système d'enseigner les langues antiques en langue moderne : c'est la véritable époque de la décadence des bonnes lettres. »

Dès lors, l'étude des langues savantes ne fit que déchoir en France, où elles avaient jeté tant d'éclat, et la décadence a toujours marché du même pas que ce système. Cet abaissement fut peu sensible au début : il fallut du temps pour propager la méthode; d'autre part, l'élan qui avait été imprimé aux études ne pouvait pas s'arrêter instantanément; la cause qui l'avait produit vivait encore tout entière, pour l'alimenter, dans les écoles et les universités de la Compagnie : elle continuait d'y obtenir ses résultats féconds, tandis qu'était entretenue dans le camp opposé une heureuse rivalité qui paralysait, jusqu'à un certain point, l'action de la nouvelle méthode. La France posséda donc encore de bons humanistes, même au XVIIIe siècle, mais ils devinrent rares, et l'état général des lettres anciennes ne fit que s'abaisser de plus en plus.

Pour ce qui est du français même, qu'on avait prétendu favoriser, Voltaire, deux ans plus tard, s'expliquait en ces termes : « Il semble qu'on n'écrive plus qu'en énigmes. Nos grands écrivains, Bossuet, Fénelon, Racine, Despréaux, employaient toujours le mot propre. Aujourd'hui, rien n'est simple, tout est affecté : on s'éloigne en tout de la nature. On a le malheur de vouloir mieux faire que nos maîtres. » Et au commencement de ce siècle, P. L. Courrier, juge peut-être aussi compétent que Voltaire en pareille matière, ne disait-il pas lui-même : « Surtout gardez-vous de croire que quelqu'un ait écrit en français depuis le règne de Louis XIV. »

Ailleurs, l'état des lettres anciennes était loin d'être aussi déplorable, par la raison que nulle part la nouvelle méthode, de même que le jansénisme qui l'avait enfantée, ne comptait autant de partisans qu'en France. Chez toutes les nations de l'Europe, la langue latine avait glorieusement traversé l'âge d'or des littératures modernes, et elle en avait même reçu un nouvel éclat. Partout, à côté de l'idiome de chaque pays qu'elle avait créé ou perfectionné, elle était restée la langue vivante et universelle du monde savant.

Mais l'épreuve décisive de la méthode devait se faire après

l'expulsion de la Compagnie, et elle existe encore dans toute sa
triste évidence. Dès lors la chute, que rien ne contrariait plus,
s'accéléra avec une effrayante rapidité. En 1762, d'Alembert
bannit de son programme les thèmes latins, les vers latins, les
compositions latines, et surtout les thèses grecques d'autrefois :
il veut qu'on se borne à comprendre le latin et à étudier sa propre langue. En 1791, le plan de Talleyrand fut la proscription
complète du latin, même en théologie. L'Université de France
est créée par Napoléon pour remplacer l'ancienne université de
Paris, dont elle accepte l'héritage. Durant un demi-siècle, nos
domaine s'étendant sur tout le territoire français, elle dirigea
toutes les intelligences, disposant des biens de l'État, commandant
au nom et par l'autorité du gouvernement, distribuant les charges
et les honneurs, enfin ouvrant et fermant les carrières à son gré.
Munie de ces immenses ressources et animée d'une ardeur que
l'insuccès n'a point éteinte, elle continue vainement depuis
soixante ans à s'occuper d'études grecques et latines. Jamais corps
enseignant n'a possédé une telle puissance, jamais la méthode n'a
été appliquée avec autant de perfection, et pourtant, au dire
même de ceux qui la connaissent le mieux, jamais résultats n'ont
été plus nuls. Sous l'ancienne discipline, les élèves, après trois
ans d'étude, écrivaient et parlaient convenablement le latin, com-
prenaient et souvent parlaient le grec, aujourd'hui après huit
ou neuf années de travail, les jeunes gens élevés d'après le système moderne peuvent à peine comprendre leurs auteurs. Si, dans
leurs compositions, quelques-uns parviennent à observer les règles
de la grammaire, pas un, du moins, ne sait écrire une phrase latine
qui ne sente le terroir. Quant à parler cette langue, c'est une
science qui ne paraît plus guère connue, même des régents les
plus en renom.

Dans un article intitulé : *Quelques Remarques sur le discours
latin du grand concours*, 1863, M. Andrieu disait : « Ce latin
plein de gallicismes, où la phrase latine ne se présente nulle part,
où le style de la poésie vient prendre burlesquement celui
de la prose, où les citations latines s'accumulent, mais prises à
contre sens; ce latin, qui n'est que du français habillé en latin,
est le fruit naturel du système d'enseigner suivi par l'Université. On fait du latin avec du français, comment ce latin

ne se sentirait-il pas de son origine? » *(Le Monde, 2 septembre 1863.)*

Un de nos généraux, constatant ce dépérissement des études, en indique la cause dans les méthodes modernes elles-mêmes, qui, sous couleur d'aplanir la carrière des lettres, soustraient les intelligences aux vigoureux exercices, aux rudes travaux sans lesquels la science ne jettera jamais de profondes racines : *Quod autem methodi usque faciliores excogitentur, id si quid habere videtur commodi, habet certe et illud incommodi non parum, quod primum quidem quæ sine labore comparantur, levissime etiam mentibus adhæreant, et brevi tempore acquisita, brevi oblivione deleantur.*

Mais ces méthodes remontent toutes à Port-Royal, d'où nous est venu « ce malheureux système d'enseigner les langues antiques en langues modernes, » dit M. de Maistre. Qui donc a inspiré les solitaires jansénistes ? L'instinct du mal, et la haine qu'ont vouée aux langues savantes toutes les hérésies des trois derniers siècles ; haine qui s'explique par le prix qu'attache l'Église catholique à l'enseignement du grec et du latin, comme à l'un des plus sûrs moyens d'assurer sa prospérité.

Ces langues, en effet, ne renferment pas seulement, ainsi que nous l'avons dit, les trésors littéraires de l'antiquité et les meilleurs instruments d'une forte discipline intellectuelle, elles sont encore pour nous, avant tout, les dépositaires de toute la philosophie, de toutes les traditions, de toutes les croyances, de toute la théologie chrétienne. Le latin en particulier est la langue de l'Église ; les saintes Écritures, les conciles, les papes, le culte, la science catholique, tout parle latin. Bannir le latin, c'est isoler l'Église, c'est la désarmer, c'est envelopper de ténèbres tous les monuments qui attestent sa force et sa gloire. Luther le savait bien ; c'est pourquoi il voulait proscrire cette langue des liturgies et des disputes dogmatiques.

Aujourd'hui Port-Royal a produit tout son effet ; il a réduit en France les études à un état d'abaissement déplorable.

En reléguant dans l'ombre les littératures anciennes, il a précipité la décadence des lettres françaises. Écoutons là-dessus un juge compétent : « L'arbitraire, dit M. de Sacy dans son rapport officiel de 1868 sur l'état de la littérature en France, l'arbitraire est la loi des lettres ; — la critique est morte ; — il n'y a plus de littérature classique : dans tout ce qui n'est pas la science, l'anarchie a tout envahi. » Voilà pour le français. Quant aux littératures grecque et latine, où les retrouver ? Non-seulement le système moderne les a ruinées, mais, par une conséquence inévitable, le coup mortel, porté au latin dans les classes de grammaire et de littérature, a frappé aussi la philosophie et la théologie elle-même. Aujourd'hui la philosophie et souvent la théologie parlent français ; aujourd'hui on lit Platon et saint Thomas traduits en langue vulgaire, et il en résulte qu'il n'existe plus de philosophie et que l'on ne comprend plus saint Thomas. Le jansénisme peut donc s'applaudir : il est parvenu à ses fins.

Mais son plus beau triomphe serait celui qu'il remporterait sur nos séminaires et nos colléges catholiques, en y ruinant sans retour les vraies et fortes études classiques, celle du latin en particulier. Nous ne donnerons pas cette consolation aux ennemis de la religion en les suivant dans une voie où nous ne nous sommes peut-être que trop laissés engager, voie non moins nuisible au progrès des belles-lettres qu'à la religion elle-même. C'est par une culture active et intelligente du latin que l'on se dispose à une bonne philosophie et à une théologie sérieuse. C'est cette même culture qui préparera également de vrais et dignes candidats aux diverses facultés de nos universités naissantes. Si l'on en pouvait douter, que l'on veuille bien prêter l'oreille à ce que disait naguère le Souverain Pontife à Mgr Pie en le félicitant de ses efforts pour promouvoir les sciences sacrées : « On a droit de compter sur des fruits d'autant plus abondants que vous donnez pour base et pour auxiliaire aux études une connaissance approfondie de la langue latine, qui est la clef et la gardienne de toutes les sciences [1]. » Pour nous encourager à réaliser cette réforme, objet de tant de vœux, il est nécessaire d'entrer maintenant dans un examen plus approfondi des méthodes qui ont fait la gloire des siècles passés en de les comparer avec les systèmes nouveaux, dont les tristes résultats sont sous nos yeux.

---

[1] Bref de Sa Sainteté Pie IX à Mgr Pie, 1875.

IV. — CARACTÈRES DISTINCTIFS DES DEUX MÉTHODES

1. — LE LATIN LANGUE VIVANTE

Avant d'énumérer quelques-uns des points particuliers par lesquels les deux systèmes se repoussent, il est bon d'indiquer leur caractère le plus général et la base sur laquelle repose leur organisation.

Lorsque parut la nouvelle méthode de Port-Royal, elle trouva partout le latin à l'état de langue vivante ; c'était l'idiome des collèges et des universités, la langue en usage dans le monde savant. On l'apprenait dans les écoles, de manière non-seulement à le comprendre, mais encore à l'écrire et à le parler ; et le moyen principal employé pour atteindre ce résultat était de le faire parler dans toutes les classes, même dans celle des commençants, comme nous le montrerons plus loin.

L'effet inévitable et immédiat de l'introduction d'une grammaire en français dans les écoles fut d'y faire cesser cet usage du latin : c'était le tarir dans sa source. Nous savons, en effet, par le témoignage de Rollin lui-même, que de son temps le français était déjà devenu, pour l'université, l'idiome ordinaire des classes de grammaire et de littérature ; et l'on ne parvenait plus qu'avec peine à parler médiocrement latin, au sortir du collége. Aujourd'hui la plupart des jeunes gens en sont même incapables, et le latin est devenu pour eux une langue morte, ensevelie, pour ainsi dire, tout entière dans les livres. C'est là que l'élève va l'étudier, comme l'anatomiste étudie un cadavre en le disséquant ; et tout le fruit qu'il peut espérer de son travail, après tant d'années d'études, est de comprendre très-imparfaitement le latin ; mais il ne saura point l'écrire, moins encore le parler.

Ainsi, après avoir banni de leurs écoles l'usage de parler latin, comme méthode pour l'apprendre, les partisans de la réforme de Lancelot ont même renoncé à faire de la connaissance sérieuse de cette langue un but de leur enseignement ; c'est donc pour eux une langue morte à tous égards.

La fin que doivent se proposer des institutions catholiques en se vouant au ministère de l'enseignement ne leur permet pas de se restreindre dans les limites d'un tel programme. Quand le latin ne serait que le dépositaire des richesses intellectuelles de l'antiquité et l'arsenal de la science et de la tradition chrétiennes, il mériterait encore, si nous voulons en tirer un profit réel, d'être étudié de façon à nous devenir familier. Mais, aujourd'hui comme autrefois, le latin est, en outre, la langue vivante de la religion catholique, la langue que l'Église écrit et qu'elle parle dans tous les lieux du monde, dans ses écoles et dans ses conciles, l'idiome universel, qui permet à ses pasteurs de s'entendre entre eux et de communiquer avec le Pasteur suprême, malgré la diversité de leurs langues nationales. Enfin, sans parler des autres sciences, la philosophie, dont personne parmi nous ne peut nier l'importance et la nécessité pour tous, la philosophie, pour être enseignée avec fruit, réclame aussi impérieusement la connaissance usuelle de la langue latine : *Quod si linguæ latinæ usu*, dit un de nos généraux, *in theologia carere plane non possumus, idem in jurisprudentiæ, artis medicæ et philosophiæ studiis non modo utilis, sed necessarius quoque dici debet.*

Donc aujourd'hui, comme au xvi° siècle, la science du latin que doivent posséder et, autant que possible, donner des maîtres catholiques, est une science qui ne consiste pas seulement à comprendre cette langue, mais encore à l'écrire et à la parler comme une langue vivante. Et le moyen ou la méthode adoptée par l'institut de saint Ignace et suivie par les écoles anciennes pour réaliser ce programme, fut d'étudier et d'enseigner le latin comme on étudie et comme on enseigne une langue vivante.

Ainsi, le latin envisagé ici comme langue vivante, là comme langue morte, telle est la différence qui sépare radicalement les deux écoles pédagogiques. C'est en face de ces deux objets si dissemblables qu'elles se sont placées l'une et l'autre pour organiser leur plan d'études. Il en est résulté nécessairement, entre les éléments des deux systèmes, une opposition dont nous allons essayer de signaler les points principaux et de déterminer l'importance.

2. — L'ENSEIGNEMENT ORAL

Après celui que nous venons de relever, un autre trait caractéristique et des plus saillants de l'ancienne méthode, c'est qu'elle donne l'instruction de vive voix. La parole du professeur exposant ses leçons, expliquant Cicéron, la grammaire, la rhétorique, telle est la vraie source où les élèves iront puiser la science.

Dans les écoles modernes, au contraire, l'élève doit chercher l'instruction directement et immédiatement dans les livres ; il s'exerce, avec l'unique secours de ses facultés personnelles et de ses livres, à préparer la traduction d'un auteur, à mettre dans sa mémoire, plutôt que dans son intelligence, des préceptes parfois obscurs ou incomplets, dont il a dû découvrir par lui-même le sens et la portée. Le régent n'enseigne plus, à proprement parler ; tout son rôle se borne à vérifier et à rectifier le travail de ses élèves.

La première méthode jouit ici d'une supériorité qu'on lui contesterait vainement. Elle exige du maître, il est vrai, plus de préparation et d'activité, mais elle lui assure des succès plus rapides et plus complets. Cette manière d'enseigner par la parole force en quelque sorte l'attention des élèves et met en jeu toutes leurs facultés. L'expérience leur a bien vite appris que, pour savoir ce qu'on leur enseigne, il faut qu'ils soient attentifs à la parole qui passe, et qu'ils fassent effort pour la comprendre et la retenir. Un livre n'aura jamais ce stimulant ; l'enfant n'est pas pressé de saisir ce que contient la page qu'il a sous les yeux, parce qu'il sait bien qu'elle ne va pas lui échapper ; et cette pensée, peut-être à son insu, nourrit son indolence et relâche ses facultés. Dans cette disposition, il lira dix fois sans la comprendre une ligne de ces livres que l'on a pourtant si merveilleusement simplifiés pour son usage, par le moyen des notes, des traductions, etc... De plus l'enseignement, en passant par la bouche du professeur, n'acquiert pas seulement l'avantage de fixer l'attention, mais il se présente aussi aux intelligences sous une forme plus nette, plus vive et plus saisissante, que lorsqu'il sort péniblement d'un livre muet, froid et sans vie. *Viva vox alit plenius*. C'est la remarque de Quintilien [1].

« La force de la parole animée est si puissante, dit le P. Maldonat, l'assiduité aux leçons du maître est si efficace, que si le sens de la vue peut être, en général, regardé comme supérieur et plus sûr, l'ouïe cependant est plus utile et de meilleur secours, quand il s'agit de s'instruire [2]. »

Il semble que Dieu ait donné une vertu particulière à la langue pour répandre l'instruction et à l'oreille pour la recevoir ; et cette parole des livres saints : *Fides ex auditu, auditus autem per verbum*, pourrait s'appliquer non-seulement à la foi, mais encore à toute espèce d'enseignement. Ces réflexions sont vraies pour toutes les époques de la carrière des études, même à l'égard de la théologie ; mais elles s'appliquent plus spécialement encore aux classes inférieures, où il s'agit des éléments des sciences et où ceux qu'on doit instruire sont des enfants. Comme l'a remarqué le P. Possevin [3], Pythagore et les philosophes grecs ne croyaient pas que l'instruction pût s'acquérir autrement que par la parole et l'enseignement du maitre. De là, l'absence de livres ou d'écrit quelconque entre les mains de leurs élèves. « La voix, dit saint Jérôme, a je ne sais quelle secrète énergie, qui éclaire et remue l'âme jusque dans ses profondeurs; *Viva vox, nescio quid latentis habet energiæ, ut in discipulorum animos influat.* »

Il s'ensuit d'abord que, pour nous, l'explication des auteurs et des grammaires, donnée par le professeur, reçue et reproduite par les élèves, est l'exercice le plus essentiel de la classe ; les autres n'ont, par rapport à celui-là, qu'une importance secondaire. De là, ce signe de religion qui doit le précéder : *Ante lectionis vero initium, ipse præceptor signo crucis se muniat, aperto capite, et incipiat* [4]. De là aussi le temps considérable, que le *Ratio* réserve à cette double explication : trois quarts d'heure ou une heure, chaque matin, à celle de Cicéron ; le même temps, à peu près, mais pour chaque jour seulement, à celle des préceptes.

1 *Inst.*, l. II, c. II.
2 Orat. habita 9 oct. 1571. *de Rat. stud. Theol.*
3 *De Cultura ingen.*, l. I, c. XXV.
4 Secunda reg. com. Profes. inf. clas.

Voici une autre conséquence de ce mode d'enseignement :
c'est de façonner les élèves à la ressemblance du maître.

Les langues s'apprennent essentiellement par l'imitation :
or, ici, le modèle c'est moins le livre que le professeur lui-
même ; le professeur c'est la langue vivante, soit qu'il parle de
son propre fond , soit qu'il répète et explique la parole empruntée
à Cicéron ou à Démosthène ; soit enfin qu'il interprète les règles
des grammairiens, c'est toujours sa parole, en définitive, qui
doit faire écho dans l'âme de ses disciples ; elle est le type constamment proposé à leur imitation. Mais l'écho et la copie repro-
duiront nécessairement les qualités bonnes ou mauvaises de
l'original. D'où résulte, on le conçoit, la nécessité d'avoir à la
tête des classes des professeurs dignes d'être proposés pour modèles ; en sorte que les enfants n'entendent jamais sortir de leur
bouche rien que de très-correct, même dès les plus basses classes : car, comme le dit Quintilien : *Natura tenacissimi su-
mus eorum quæ rudibus annis percipimus... Et hæc ipsa
magis hærent quæ deteriora sunt... Non assuescat ergo (puer),
ne dum infans quidem est, sermoni qui dediscendus est*
(lib. I, cap. i).

Le moyen d'obtenir de tels régents, c'est une école prépara-
toire à l'enseignement : école normale, école de hautes études,
le nom est indifférent, mais la chose est essentielle, à cette époque de décadence. Les sujets les plus capables de devenir des
maîtres excellents ont des lacunes, souvent profondes à combler,
dans leurs premières études ; de plus la science de l'enseignement, comme toutes les autres, a besoin d'une initiation et d'une
direction fondée sur l'expérience ; enfin c'est le seul moyen d'éta-
blir l'unité dans la méthode suivie par les différents professeurs
d'un même établissement : unité précieuse et nécessaire pour
donner aux études une forte et salutaire impulsion. Cette formation des maîtres portera bientôt ses fruits et les résultats en seront incalculables. Leur enseignement, devenu plus méthodique
et plus sérieux, profitera davantage à leurs disciples ; ceux-ci,
quand ils viendront partager les travaux de leurs maîtres ou les
remplacer, seront doublement préparés à la carrière du profes-
sorat, et par de premières études mieux conduites, et par une
formation immédiate, dont ils auront plus facilement utilisé le

bienfait. Ainsi se renouera, pour se continuer d'elle-même et sans effort, la chaîne brillante de la science catholique ; ainsi renaîtront ces générations à la fois savantes et chrétiennes, dont le talent et la vertu firent jadis tant d'honneur à la France et à la religion,

3. — L'ENSEIGNEMENT PAR LE LATIN

Deux voies conduisent à la connaissance complète d'une langue : l'usage et la grammaire.

L'usage ou la pratique, que les anciens appellent *optimus magister*, *præstantissimus magister*, est ici, en effet, le premier, le meilleur, le souverain maître, devant lequel les plus belles théories, si elles le contredisent, perdent elles-mêmes leurs droits. *Quem penes arbitrium est et jus et norma loquendi.*

La grammaire n'est que son interprète et ne vient bien qu'à sa suite, pour faire remarquer et expliquer les règles d'après lesquelles l'usage se dirige. Cette marche, sans doute, n'est pas celle de la philosophie. Celle-ci débute par définitions et va du principe à la conséquence. L'étude d'une langue (quoi qu'en pensent nos grammairiens modernes) demande un procédé contraire, surtout quand celui qui l'étudie est un enfant. Les définitions ne sont intelligibles pour celui-ci qu'autant qu'il est déjà familiarisé avec la connaissance des choses définies. Il ne saisit jamais plus vite ni plus sûrement le sens des remarques et des règles que quand il a été habitué d'avance à les pratiquer machinalement, en quelque sorte, et à son insu.

L'usage qui joue ici un rôle si important, comprend deux choses : 1° l'habitude de parler et d'entendre parler une langue ; 2° l'étude et l'imitation des auteurs qui sont admis comme les types consacrés du langage.

Ces deux exercices réunis rendent le succès pour ainsi dire infaillible : l'absence de l'un ou de l'autre, du premier surtout, le rend difficile, souvent même impossible. Les faits nous en donnent une preuve qui n'est que trop évidente.

a. — Parler latin.

Saint Ignace n'eut garde de négliger un mode d'instruction si parfaitement en harmonie avec la fin qu'il s'était proposée en faisant de sa Compagnie un corps enseignant, et, sans rejeter le secours ni des auteurs modèles, ni des grammaires, il écrivit dans nos constitutions l'obligation de parler habituellement latin non-seulement dans les classes de théologie et de philosophie, mais encore et surtout dans les classes inférieures : *Omnes quidem, sed præcipue humaniorum litterarum studiosi, latine loquantur communiter* (l. IV, ch. VI, § 13). Ce texte regarde les jeunes religieux appliqués aux études littéraires. En voici un autre où il est question des élèves, dans les colléges : *Magistri curent et studiosi litterarum humaniorum familiarem sermonem excoliant, latine communiter loquendo. Const.*, IV, P., c. XIII, 3.)

On sait que par ces mots : *humaniorum litterarum studiosi*, saint Ignace comprend non-seulement ceux qui s'appliquent à l'étude des principes de la littérature, mais encore tous les élèves qui fréquentent le cours de grammaire : *Sub litteris humanioribus rhetorica etiam præter grammaticam intelligenda est* (P. 4. c. V. declar. A). Il n'excepte donc personne. Bien plus il veut que les classes inférieures s'y appliquent plus spécialement, parce que c'est le moyen le plus efficace pour arriver au but de ces classes, qui est d'acquérir une connaissance à la fois théorique et pratique de la langue latine.

Le *Ratio studiorum*, interprétant la pensée de saint Ignace, veut que l'usage de parler latin soit sévèrement gardé dans les classes inférieures : *Latine loquendi usus severe inprimis custodiatur…, ita ut in rebus quæ ad scholam pertinent, numquam liceat uti patrio sermone…* Il ne dispense de la stricte observation de cette règle que les classes où les enfants seraient encore trop ignorants du latin, pour comprendre ce qu'on a à leur dire. Néanmoins, pour eux comme pour les autres, il laisse subsister la règle générale de saint Ignace : *latine loqui communiter* ; et la sévérité de l'obligation qu'il impose de ne plus parler, aussitôt que cela est possible, autrement qu'en latin, suppose évidemment qu'on doit y exercer les élèves dans les classes inférieures. Quant au professeur, comme il doit toujours être le type proposé à l'imitation, il lui est interdit, à plus forte raison, de parler une autre langue : *eamque ob rem latine perpetuo magister loquatur*. Nous dirons, plus loin, quel tempérament l'étude de la langue nationale, en particulier, introduit naturellement dans la teneur de cette règle.

Voilà des monuments bien authentiques qui nous attestent la marche adoptée par les écoles anciennes, et notamment par la Compagnie, dans l'enseignement du latin. L'histoire confirmerait au besoin la même vérité par le témoignage de ceux de nos Pères qui ont écrit sur cette matière à différentes époques. Ainsi le célèbre P. Perpinien voulait que les enfants apprissent à s'exprimer en latin dès le début de leurs études, avant même qu'on leur eût montré aucune règle. Parlant des exercices qu'on doit leur faire faire de vive voix, sur les déclinaisons et les verbes, il dit qu'il faut commencer dès lors à décliner et conjuguer par phrases, comme : *Ego lego Ciceronem, tu legis Ciceronem, etc...* Et il ajoute : *Sed danda est opera ut hæc omnia et pura sint, et ad communem sermonem accommodata, eorumque significatio intelligatur ut etiamsi nulla didicerint adhuc præcepta loquendi, tamen, ut ares nonnullas facere ridemus, imitatione jam assuescant latine loqui* (epist. 16, cap. XIII).

Longtemps après, quand déjà les jansénistes commençaient à bannir l'usage de parler latin dans les classes où ils avaient introduit leur grammaire en français, nous voyons le P. Pomey démontrer en ces termes remarquables l'efficacité de cette méthode : « Tout le monde tombe d'accord que le moyen le plus court pour apprendre une langue, c'est de la parler ; et que dans peu de mois l'on fait par cette voie plus de progrès qu'on n'en saurait faire en plusieurs années, par celle de l'étude et des préceptes. L'expérience fait toucher au doigt cette vérité. Qu'on envoie un jeune enfant en un pays étranger, il est constant qu'il apprendra la langue de ce pays dans moins d'un an, quelque grossier que soit son esprit, et quelque bizarre que soit cette langue. Mais qu'on envoie le même enfant à l'école, pour y étudier cette langue, qu'arrivera-t-il ? Sans doute, ce que nous voyons arriver tous les jours ; c'est-à-dire qu'il passera cinq et six années à l'étudier sans la bien entendre, loin de la savoir bien parler. Mais d'où vient cette différence ? si ce n'est qu'en un lieu il parle toujours cette langue, et qu'en l'autre il ne la parle presque jamais. »

« Vouloir apprendre une langue à force de feuilleter des livres et des dictionnaires, dit Pluche, est une voie si longue et traversée de tant d'embarras et d'incertitudes, que quand on a en main un autre moyen sûr et prompt, c'est-à-dire l'usage, on peut dire qu'il est l'unique [1]. »

Le P. Jouvency, dans son *Ratio docendi*, insiste sur la nécessité de retenir avec le plus grand soin la coutume de faire parler latin ; et il donne au professeur le conseil d'apprendre aux élèves, tout d'abord, des formules qui pourront leur servir, nonseulement en classe, mais encore dans leurs jeux et ailleurs : *Latine loquendi consuetudo quam diligentissime retinenda...,* etc. (cap. II, art. 3, § 1).

On peut le répéter à la suite d'un personnage éminent : c'est la méthode la plus sûre et la plus courte, *nullam viam esse breviorem et magis expeditam*, pour arriver à la connaissance parfaite de la langue, et si cette pratique n'avait pas été négligée, nous ne verrions pas de nos jours les lettres réduites à un état si pitoyable.

Nous pourrions, en dehors de la Compagnie, trouver bien des apologistes de cette méthode, et pour n'en citer qu'un, le cardinal Mezzofanti, ce prodige de science linguistique, disait : « Quiconque veut dès le début se bien ancrer dans l'étude d'une langue ne doit lire, parler, penser et enfin rêver qu'en cette langue [2]. »

A Rome, comme le rapporte Quintilien, les enfants apprenaient le grec en le parlant ; cette étude précédait même celle de leur langue maternelle : *Disciplinis Græcis prius instituendus est, unde et nostræ fluxerunt. Non tamen diu tantum loquatur græce, aut discat* (lib. I, c. 1).

Et comment cette méthode pourrait-elle rencontrer des contradicteurs ? N'est-elle pas celle que la divine Providence emploie chez tous les peuples pour transmettre les langues natio-

---

[1] *De l'Éducation.*

[2] *Mémoire de Cavedoni sur la vie et les études du cardinal Mezzofanti*

nales aux générations qui se succèdent? Et l'on peut dire que la sagesse infinie de Dieu, qui ne se trompe jamais dans le choix des moyens, se révèle ici d'une façon admirable. Avec quelle promptitude merveilleuse et même quelle étonnante perfection un enfant, dès l'âge de trois à quatre ans, arrive à comprendre le langage de sa mère et à le parler lui-même! Comment y parvient-il? Il apprend à parler en parlant, comme à marcher en marchant. Il s'exerce, d'abord en bégayant, à répéter machinalement quelques mots que l'on fait retentir à ses oreilles. Ce seul exercice de répétition et d'imitation réalise chaque jour des progrès sensibles et, longtemps avant qu'il connaisse encore aucune règle de sa langue, il la parle néanmoins avec la plus grande facilité et même avec une grâce ravissante, si on l'a accoutumé à n'entendre qu'un langage correct et élégant.

Ce n'est pas là un privilége exclusivement réservé à l'enfant qui apprend sa langue maternelle : les mêmes succès se réalisent pour tous ceux qui se livrent par cette méthode à l'étude des langues étrangères. Qui n'a remarqué avec quelle promptitude des hommes venus des contrées les plus diverses parviennent d'abord à entendre, ensuite à parler et à écrire la langue du pays où ils doivent séjourner? Que d'exemples nous pourrions citer de jeunes Espagnols, Anglais, Allemands ou Italiens, qui, après quelque temps de séjour en France, non-seulement prenaient part à toutes les conversations, lisaient couramment nos livres classiques, mais encore, lorsqu'on les y avait exercés, composaient en français de manière à faire croire parfois que la langue française était la langue de leur berceau! Sans doute, dans le système moderne il reste encore le thème et la version que nous n'avons garde de bannir, que nous conservons au contraire soigneusement. Mais l'expérience de tous les jours, jointe à l'autorité et à la réflexion, devrait nous avoir suffisamment démontré que ce ne sont pas là des exercices assez vifs, assez attrayants et surtout assez multipliés pour captiver les enfants, tenir en éveil toutes leurs facultés et les conduire au but. Le langage, où tous ces exercices se trouvent pour ainsi dire réunis, y réussit bien mieux et plus promptement; et, comme la pratique l'a constamment prouvé, une année d'enseignement de cette nature assure des succès que la méthode contraire ne réalise pas durant cinq ou six années d'étude. Le système moderne nous arrête comme aux frontières de la latinité. Là il nous apporte des produits, certains échantillons du pays à étudier ; de loin et au moyen d'un interprète, il nous découvre quelques sites, quelques vagues horizons de ces contrées fertiles et inondées de lumière ; l'ancienne méthode, au contraire, celle qui a élevé le siècle de Louis XIV, nous introduit dans cette terre promise : c'est une autre patrie qu'elle nous ouvre : elle nous en livre les trésors, nous en fait contempler les merveilles et parler le langage.

4. — Grammaire en latin. son rôle dans notre plan d'études

Les raisons qui ont porté les auteurs du *Ratio* à prescrire l'usage de parler latin dans les classes devaient nécessairement les déterminer à n'y admettre que des livres de préceptes écrits en cette langue. En effet, les grammaires étant la base de l'enseignement et le texte habituel des leçons du maître, elles sont l'objet dont on parle constamment ; les règles qu'elles contiennent sont sans cesse récitées, discutées, appelées en témoignage, de sorte que la langue dans laquelle ces règles sont écrites devient comme forcément la langue usuelle de la classe , et l'on ne conçoit pas comment professeurs et élèves pourraient observer la règle de parler latin, si leur grammaire était écrite en français. On parle, en effet. latin en trois circonstances principales, ou durant trois exercices qui occupent à peu près toute la classe : c'est 1° l'explication des préceptes ; 2° la correction des devoirs, autres que les devoirs français, dont nous aurons à dire un mot ; 3° enfin l'étude de l'auteur (en latin *prælectio*, explanation ou prélection).

Or, expliquera-t-on en latin des préceptes écrits en français et qu'on n'estimerait pas assez clairs dans la langue nationale ? La correction des devoirs dans les classes de grammaire roule principalement sur l'application des préceptes : *Indicare si contra præcepta grammatica peccatum sit. Præceptum contra quod peccatum est proferre*. (Reg. com.. 22). Il en est de même de la prélection : *Pleraque ad explicatas grammaticæ leges perpendat* (Med. gram.. 6). Ici encore, quelle apparence d'en-

tendre rappeler en latin des règles que l'élève a besoin de connaître et qu'il n'a étudiées qu'en français ? La concertation elle-
même [1], souvent recommandée dans le *Ratio*, et dont le thème
favori, durant trois ou quatre ans, est la grammaire, comment
se ferait-elle en latin avec une grammaire écrite en français ?

On pourrait donc démontrer mathématiquement que le temps
et l'occasion de parler latin sont enlevés, en grande partie,
au professeur qui n'a à sa disposition qu'une grammaire en
français. Que si néanmoins, passant par-dessus les obstacles,
le jeune régent cherche toutes les circonstances et utilise tous les
moments libres pour parler latin, il se présente bientôt une difficulté que l'expérience n'a pas tardé à révéler : c'est que ces
alternatives ou intermittences de français et de latin ne sont
pas capables de déterminer dans la classe un courant sérieux ;
les élèves hésitent à se mettre à la suite du professeur : ceux qui
en ont le courage trébuchent presque à chaque pas, privés du
point d'appui principal, et du stimulant qui, dès les basses classes, les eût aidés et encouragés à aborder les difficultés en leur
fournissant, dans le texte même de leur grammaire, avec une
occasion continuelle de s'exercer, des secours abondants, une
foule de mots et d'expressions choisies. Prétendre parler latin
avec des grammaires en français, quand il nous serait loisible
d'en avoir d'autres, c'est se mettre dans une position fausse et
contradictoire ; c'est, bien loin d'alléger le fardeau, comme on
pourrait le croire, le rendre au contraire plus lourd : autant demander à l'oiseau de voler, quand on lui a enlevé et les ailes et
l'espace. La grammaire, en effet, joue ici un double rôle ; non-
seulement elle nous enseigne les lois du langage, mais, ainsi que
nous l'avons vu, elle étend et développe autour de la classe comme
une atmosphère de latinité, elle y introduit l'enfant ; en sorte que,
à la place des préceptes en latin, remettre à l'élève une grammaire écrite en français, c'est le rappeler du pays dont il apprenait la langue, dans une autre contrée où elle ne se parle plus.

Inutile néanmoins d'ajouter que l'impossibilité où se trouve-
rait un professeur de se servir dans sa classe d'une grammaire

---

[1] La concertation est une espèce de tournoi ou joute littéraire entre deux ou plusieurs élèves de la même classe, mais de camps rivaux, ou bien encore entre deux
classes différentes, sur des matières communes et ordinairement assignées d'avance.

en latin ne devrait point l'empêcher d'appliquer encore la méthode,
en usant des ressources qui lui restent. Il arrivera à des résultats,
moindres sans doute que ceux qu'il eût obtenus avec des préceptes écrits en latin, mais bien supérieurs toutefois à ceux qu'on
peut attendre de la méthode moderne.

Nous avions donc raison de dire que, par la substitution, en
apparence si peu importante, d'une grammaire en français à
une grammaire latine, les jansénistes accomplissaient une révolution profonde dans l'enseignement. Ce changement seul suffit,
en effet, pour faire cesser à l'instant même l'usage de parler
latin : de langue vivante, la langue que la science et l'Église
avaient parlée durant plus de seize siècles, allait devenir une
langue morte, en attendant que des novateurs plus hardis et plus
impies essayassent de la faire disparaître entièrement et pour
toujours.

Toutefois, afin de légitimer cette innovation (et les solitaires
de Port-Royal étaient assurément trop perspicaces pour n'en pas
mesurer la portée), il fallait des prétextes. Sans s'inquiéter si
en particulier les deux siècles si sages, si studieux, si amis des
belles-lettres qui venaient de s'écouler, méritaient quelque respect, Lancelot déclare « qu'il est absurde de proposer les premiers éléments d'une langue qu'on veut connaître, dans les termes mêmes de cette langue ;... c'est supposer qu'on sait déjà ce
qu'on veut apprendre. »

Cette objection a un côté spécieux, et l'on ne saurait trop re-
gretter que cela ait suffi pour la faire croire sérieuse et solide.
Sans parler des autres écoles, la Compagnie, durant deux siècles
déjà, avait répondu par des succès, trop éclatants peut-être pour
son repos, à ce reproche d'absurdité. Ici, comme en tout le reste,
il ne lui était pas difficile de démêler ou l'illusion, ou le peu de
bonne foi de ses ennemis. En effet, nos adversaires, pour se
rendre plus facile le rôle de la critique, n'ont rien trouvé de
plus commode que de séparer le point en question de l'ensemble
de notre système, et, afin de se donner la satisfaction de nous
trouver absurdes, ils ont supposé notre enseignement privé d'un
de ses éléments les plus essentiels : l'explication du professeur.

Il est évident qu'une grammaire en latin serait une anomalie
dans les écoles modernes, vu le mode d'enseignement qu'on y

pratique. Si, en effet, comme le laisse supposer l'objection et suivant la coutume aujourd'hui généralement reçue, nous placions l'élève seul devant un livre dont il ne comprendrait pas la langue, et que nous lui disions d'en étudier une page dont il rendra compte ensuite, nous commettrions une absurdité manifeste. Mais si à côté de l'enfant nous plaçons un maître qui commence toujours par lui donner une explication claire de chacun des mots contenus dans les quelques lignes de sa leçon, *grammaticæ prælectio non nisi singula ad summum præcepta contineat*[1], dans les quelques phrases qui doivent être étudiées chaque jour, l'absurdité disparaît déjà. Et si, pour s'assurer qu'il a bien compris, le maître fait répéter immédiatement à son élève toute son explication ; si par des répétitions quotidiennes, puis hebdomadaires et semestrielles du même passage, il lui en rappelle le souvenir ; si durant la seconde partie de l'année, d'après les prescriptions du *Ratio*, il reprend les explications données et apprises pendant le premier semestre ; enfin si, durant les deux années de grammaire inférieure (sixième et cinquième) et de grammaire moyenne (quatrième), il consacre tous les jours une demi-heure à repasser, par forme de concertation, les rudiments, déclinaisons, conjugaisons, genres de noms, dont se compose le premier livre de la grammaire, il aura alors suivi notre méthode, assoupli la mémoire de son élève, qui n'oubliera jamais des préceptes ainsi étudiés, développé son jugement, et suivant le vœu de Quintilien, assis comme sur un roc inébranlable les bases d'une instruction solide : *Quæ nisi fundamenta jecerit, quidquid superstruxeris, corruet* (l. I, iv).

Le livre le plus facile à comprendre est loin d'être toujours le plus propre à donner la science. Le R. P. Roothaan appréciait dans ces termes si pleins de sagesse et d'élévation les tristes résultats de toutes nos méthodes faciles : *Quod autem methodi usque faciliores excogitentur, id si quid habere videtur commodi, habet certe et illud incommodi non parum, quod primum quidem quæ sine labore comparantur, levissime etiam mentibus adhæreant, et brevi tempore acquisita, brevi oblivione deleantur.* Un autre résultat, ajoute-t-il, auquel

---

[1] *Regulæ præfecti*, viii, § 3.

on n'a pas suffisamment pris garde, et qui cependant est bien autrement regrettable, « c'est qu'on perd par là le fruit principal de l'éducation, qui consiste à habituer de bonne heure l'enfant à réfléchir : *a teneris annis ad seriam animi applicationem,* et à se faire violence à lui-même pour supporter le travail : *et ad laborem non sine vi aliqua sibi illata tolerandum assuescant :* habitude précieuse dont il se ressentira toute sa vie, dans la lutte contre ses passions mauvaises et l'empire qu'il lui faudra acquérir sur lui-même : c'est ce que tous les sages ont compris, ce que le Saint-Esprit lui-même nous enseigne quand il nous dit : *Bonum est viro cum portaverit jugum ab adolescentia sua.* » Tels étaient les graves avertissements du R. P. Roothaan. Les quarante années qui viennent de s'écouler, en seraient, s'il était besoin, l'évidente et déplorable justification. On enseigne des grammaires faciles, une littérature facile, une philosophie facile. Et la grammaire, et la littérature, et la philosophie disparaissent de plus en plus, laissant à leur place l'ignorance, le vague ou l'absence des principes en toute branche d'étude, l'absence ou l'effacement des caractères et des mœurs elles-mêmes, qui ne vivent point sans les principes.

Pour ne parler que de l'objet qui nous occupe et des résultats obtenus au point de vue de la science, il est curieux d'entendre Lancelot, le panégyriste et l'auteur de la substitution des grammaires en français aux grammaires latines, constater lui-même combien ses espérances ont été déçues : « J'ai trouvé par expérience, dit-il, un autre inconvénient, qui est que les enfants, comprenant si aisément les règles et ayant l'intelligence du sens des mots, se donnaient la liberté de changer la disposition ou les paroles, prenant tantôt le masculin pour le féminin, ou un prétérit pour un autre, et qu'ainsi se contentant de dire à peu près le sens des règles, ils s'imaginaient les savoir aussitôt qu'ils les avaient lues. » C'est-à-dire, en bon français et pour parler net, que la réforme janséniste, appelée à faire sortir l'enseignement littéraire des sentiers « de l'absurde, » comme elle s'en vantait, eut pour résultat immédiat, sous les yeux mêmes de son auteur, de ruiner les études grammaticales, qui sont le fondement de la connaissance des langues ; et au lieu « des roses » qu'elle promettait « de faire cueillir aux enfants, » il fallut bien

avouer qu'elle ne leur avait fait récolter que l'ignorance. Mais,
pour se dispenser de revenir sur ses pas en reconnaissant sa
faute, il imagine de traduire en vers, qu'il appelle français, ces
préceptes que les élèves n'apprennent plus, depuis qu'ils sont
devenus si faciles à apprendre ; et, pour fuir les obscurités et les
ténébres du latin, il en vient à proposer aux enfants les règles
de la grammaire dans une langue comme celle-ci :

> *Hic* demande *O*, même *Harpago* ;
> Mais *hœc* veut tout autre en *Do*, *Go*,
> Plus de deux syllabes ayant.
> Et *Caro*, *Grando* s'y joignant.
> *Io* du verbe, et du nom pris,
> Nombres et *pugio* hornis.

Voilà un des premiers préceptes des éléments. Voici le quatrième de la syntaxe :

> Quand personnes diverses ou genres seront joints
> Préfére le plus noble à celui qui l'est moins.
> *Ego tuque sumus* se devra dire ainsi ;
> *Tu paterque vultis, tu sororque boni.*
> Souvent l'on fait rapport au dernier substantif,
> Où les choses sans âme au neutre ont l'adjectif.

Tel est le piége innocent dont Lancelot a armé les préceptes
de la grammaire, que les enfants n'apprenaient plus depuis
qu'on les leur enseignait en français. Qui oserait dire que la
prose latine fût bizarre à ce point, sans parler des conséquences
déjà signalées et tout autrement graves de cette funeste innovation ? D'ailleurs, cette frêle barrière que Lancelot essayait d'op-
poser au courant de légèreté et d'ignorance, déchaîné si impru-
demment, fut bientôt emportée, et l'on continua dès lors dans
des grammaires faciles à étudier toujours la grammaire et le latin,
pour ne les savoir jamais.

La méthode, qui nous occupe, bien comprise et bien appliquée,
présente un phénomène tout contraire. La difficulté, l'impossibilité même pour l'enfant de comprendre le précepte si le professeur ne lui prête son secours, devient une garantie de succès.
L'intelligence joue ici le premier rôle et n'accorde que le second à la
mémoire. Le maître est forcément obligé d'introduire son élève

dans l'étude d'une règle par l'explication des mots, des termes mêmes qui la formulent ; l'enfant de son côté ne peut se dispenser d'exercer son intelligence avant sa mémoire, s'il veut épargner à celle-ci des tortures inutiles. Ainsi, tandis que, d'un côté, l'explication des préceptes , qui a disparu de la plupart des établissements où les grammaires sont écrites en français, est ici nécessairement maintenue et soigneusement pratiquée , de l'autre, l'attention des enfants est stimulée, leur intelligence et leur mémoire s'exercent de concert, et cet exercice de l'explication, des préceptes que le *Ratio* met presque sur le pied de la prélection, loin d'être négligé ou sans intérêt, devient un des exercices de la classe les plus fructueux et les plus attrayants. Enfin, les répétitions fréquentes qui le suivent, comme nous le disions plus haut, empêchent les connaissances une fois acquises de s'altérer et de se perdre.

Qu'on veuille bien ne pas se créer ici des difficultés chimériques, qui s'évanouiront bientôt si l'on vient à examiner pratiquement quelles sont les matières enseignées en sixième, et l'ordre suivi dans cet enseignement. On retrouve là comme partout les traces de cette grande sagesse de nos ancêtres, réglant avec une admirable prudence la marche de leur enseignement sur la capacité des sujets destinés à le recevoir, et imitant la sagesse incrée dont il est écrit : *Attingit a fine usque ad finem fortiter, et disponit omnia suaviter*. Ainsi l'on débute par deux ou trois mois d'exercices sur les paradigmes ou tableaux des noms et des verbes, sans y mêler ni longues définitions, ni règles, ni remarques ; ce sont de simples exercices de mémoire, proportionnés à la faiblesse et à l'ignorance des enfants ; et ces matières se retrouvent les mêmes, à peu près, dans toutes les grammaires. C'est seulement lorsque les enfants les possèdent parfaitement et qu'ils commencent à être initiés à la pratique du langage qu'on leur explique les rares observations répandues çà et là parmi les paradigmes. On pourrait les croire alors très-capables d'expliquer l'*Épitome* ou le *de Viris*. D'après le *Ratio*, le professeur leur expliquera lui-même et leur fera répéter jusqu'à ce qu'ils les possèdent parfaitement quatorze préceptes de quelques lignes chacun, puis des remarques succinctes sur les genres des noms. Là se termine le degré de la sixième. Il ne

reste du premier livre de la grammaire que des observations sur
les déclinaisons, et une liste des prétérits et des supins qu'on
réserve pour la classe suivante, qui est la cinquième. Il n'y a rien
là que les enfants ne puissent apprendre et retenir facilement,
comme la pratique l'a démontré, rien surtout qu'un professeur
digne de ce nom ne puisse enseigner. Un visiteur expérimenté,
sortant d'une classe de sixième formée à cette méthode disait :
« Si ces enfants avaient étudié dans une grammaire en français,
je ne sais s'ils possèderaient aussi bien les éléments ; mais, à
coup sûr, ils ne pourraient les savoir mieux. »

c. — La grammaire d'Alvarez.

A la question précédente s'en rattache une autre, moins fon-
damentale sans doute, mais dont l'importance ne saurait échapper à personne. Parmi les grammaires écrites en latin, quelle
est celle qu'on signale à nos préférences ? Voici la réponse du
Ratio studiorum :

*Dabit operam ut nostri Magistri utantur grammatica
Emmanuelis. Quod si methodi accuratioris quam puerorum
captus ferat alicubi videatur, vel Romanam accipiant vel
similem curet conficiendam, consulto Præposito Generali,
salva tamen vi ac proprietate omnium præceptorum Emmanuelis.* Ainsi, la grammaire d'Alvarez, ou l'édition classique,
due aux travaux si remarquables du P. Tursellin, tel est le
livre recommandé par le *Ratio.*

Cet ouvrage est en effet le fruit de longues années d'études
consciencieuses et de recherches de toute espèce. Alvarez avait
médité et résumé tout ce que les littérateurs et grammairiens
anciens, depuis Varron et Quintilien jusqu'à L. Valla et Budée,
ont écrit sur ces matières ; mais ce qui est plus important encore,
il avait lu et annoté au point de vue grammatical les grands auteurs de l'antiquité, Térence, César, Tite-Live, Virgile, Horace
et en particulier Cicéron [1]. Un célèbre professeur du Collège
romain, le P. Tursellin, qui durant près de vingt ans enseigna
les belles-lettres à Rome, enrichit encore ce grand ouvrage de

---

[1] Emm. Alvari Præfatio.

catalogues plus complets, y introduisit un ordre plus méthodique
et, pour le rendre classique, le déchargea de plusieurs discussions
savantes dont il ne prit que les conclusions[1]. A l'époque où l'étude
du latin était partout si heureusement cultivée, cette grammaire
obtint les plus brillants éloges des savants de tous les pays, en
même temps que les plus grands succès. Ce qui l'empêcha d'être
adoptée en France, comme livre classique, ce fut la loi ou
l'usage déjà ancien qui imposait aux maîtres et aux élèves l'ouvrage d'ailleurs fort savant du grammairien Despautère. Parmi
les hommes autorisés et les juges compétents qui se sont pro-
noncés sur la valeur de cette grammaire, qu'il nous suffise de
citer le docte Moreri ; il l'appelait : « la plus parfaite de toutes
celles qui avaient paru jusqu'à cette époque[2]. » Facciolati, le
maître de Forcellini et son collaborateur dans le grand ouvrage
que nous ont laissé ces deux savants hommes, affirme de son
côté « qu'après tant de travaux on n'est pas parvenu à la sur-
passer. *Post tot tantosque conatus, minime inveniri posse me-
liora.* » Walch va jusqu'à dire que « tous ceux qui dans ces
derniers siècles ont pu se flatter de savoir le latin, le doivent à
l'étude de cet auteur. *Quicumque posterioribus seculis latine
scirent, ejus ope et studio hoc esse assecutos[3].* »

On ne s'étonnera pas après cela d'entendre la commission
réunie à Rome en 1584 pour élaborer le *Ratio studiorum,*
nous dire déjà à cette époque : *Si quid in syntaxi latinum,
purum, tutum, elegans, optari potest, id non aliis gram-
maticis, sed ex Emmanuele petendum videtur.* Enfin, s'il
fallait encore des témoignages, en voici un, peu suspect. Il est de
l'une de nos célébrités contemporaines. Un exemplaire d'Alvarez
étant tombé un jour entre les mains de M. Villemain, secrétaire
perpétuel de l'Académie, il se mit à le lire avec une surprise et
une satisfaction marquées, nota plusieurs préceptes, et, refermant
ensuite le volume, il dit naïvement aux personnes qui l'entou-
raient : « Je comprends qu'avec de pareils livres on puisse former
d'excellents élèves. » Quiconque en effet lira cet ouvrage avec

---

[1] Une nouvelle édition de ce livre, faite sur le modèle de celle qui était suivie au
Collège Romain, a paru à Lyon, chez Briday.

[2] *Dictionnaire historique.*

[3] Epist.

l'attention qu'il mérite n'aura pas de peine à reconnaître sa supériorité sur les autres ouvrages du même genre : clarté dans l'exposé des règles, sûreté et en même temps largeur de vue dans la doctrine, enchaînement des préceptes, enfin science approfondie non-seulement des lois positives, mais encore du génie propre de la langue latine : voilà en général ce qui distingue ce livre des grammaires en français que l'on met entre les mains des élèves, et en particulier de celle de Lhomond, de toutes la plus répandue. Le défaut de science et de méthode de ce livre, nous le disons au risque de heurter encore plus d'un préjugé, a merveilleusement concouru, avec l'enseignement moderne, à faire descendre l'étude et la connaissance du latin au niveau où nous les voyons tombées aujourd'hui. C'est l'aveu que ne pouvait s'empêcher de faire lui même l'un des annotateurs de cette grammaire les plus autorisés, lorsque, après un tribut d'éloges obligés, relevant quelques-unes des imperfections de cet ouvrage, il lui attribuait « de faire manquer à la plupart des élèves le but de leurs études. » — « Toute leur science, ajoute-t-il, après plusieurs années passées dans un collége, se borne à connaître quelques mots d'une langue qu'on ne parle plus[1]. »

V. — CICÉRON MODÈLE UNIQUE DE LATINITÉ

Pour assurer le succès, dans l'étude d'une langue, à la connaissance des préceptes dont saint Augustin n'a pas craint de dire : *grammaticæ pene vis divina*, et aux exercices si précieux et si indispensables de la parole et de la composition, *usus omnium magistrorum præcepta superat* (de Orat., I, 4), les anciens, et nos Pères à leur exemple, joignirent l'étude, mais une étude approfondie des modèles : *Longum iter per præcepta*, dit Sénèque, *breve autem et efficax per exempla*. Sans parler de la merveilleuse et décisive influence qu'elle a sur le développement des facultés de l'enfant et sur sa formation intellectuelle, elle fixe pour toujours dans sa mémoire les préceptes qu'il a ap-

[1] *Grammaire latine de Lhomond, avec des notes, par C. Villemareux. Paris. Marie-Nyon. 1863.*

pris, en lui en révélant le sens et la portée véritables ; de plus
elle fournit à son langage et à ses compositions les tours et les
expressions convenables, en même temps qu'elle l'initie à l'art,
ce semble de plus en plus ignoré, de développer une pensée et
d'ordonner tout un sujet. Il n'est donc rien de plus important que
le choix du modèle sur lequel nous prétendons former ces jeunes
intelligences, et, en second lieu, que la manière de le leur interpréter. Sous ce double rapport le *Ratio studiorum* ne nous laisse
non plus rien à désirer. A la simple lecture on s'apercevrait de
suite que l'étude, l'explication de l'auteur latin est l'exercice le
plus important de la classe ; le *Ratio* y consacre, nous l'avons vu,
un temps considérable, et dans toutes les classes sans exception,
c'est Cicéron qui est le modèle à étudier.

La raison et l'expérience nous montrent, en effet, que le langage se ressent toujours de la source où il a été puisé. L'étude d'une
langue est, d'abord et avant tout, une imitation. Le Créateur nous
a donné pour cette fin un penchant, si naturel et si impérieux, à
imiter ce que nous entendons, que nous prenons à notre insu,
même malgré nous et avec une facilité égale, la manière de
parler, bonne ou défectueuse, de ceux avec qui nous vivons. Il
n'en coûte ni plus de temps ni plus d'efforts à l'enfant des cités
pour acquérir une parole facile, pure et élégante, qu'à celui des
campagnes pour apprendre son grossier jargon.

Il suit de là que le moyen le plus sûr et le plus prompt, pour
arriver à la perfection de la science pratique d'une langue, c'est
de ne fréquenter que les personnes qui la parlent le mieux. Ce
serait une erreur de croire qu'en cette matière l'imparfait est un
degré pour arriver au parfait ; ce n'est qu'un obstacle qu'il faut
détruire ensuite sans profit et avec perte ; le plus souvent même,
on garde toujours, quoiqu'on fasse, la trace des défauts qu'on
avait primitivement contractés. Pour justifier le choix de certains
livres mal écrits, mais plus faciles, que l'on met aux mains des
enfants : « Ne prétendez point, dit Pluche, qu'on doit avoir
égard à la faiblesse de l'enfance. Ce besoin est réel ; mais il ne
nous autorise pas à la faire passer par un mauvais latin, pour la
faire ensuite arriver à un bon. L'on ne facilite rien en débutant
par la barbarie. »

S'inspirant des mêmes idées, les Pères de la Compagnie de

Jésus n'hésitèrent pas à proposer à l'imitation de leurs écoliers celui de tous les auteurs latins qui a le mieux parlé et écrit sa langue. Ils n'en voulurent admettre aucun autre à côté de lui, surtout pendant les premières années d'études ; persuadés qu'en ne mettant que ce modèle sous les yeux de leurs élèves, ils leur en feraient prendre plus facilement la manière et les qualités. En vertu du même principe ils établirent que non-seulement les explications du maître, pendant la classe, mais encore les versions données comme devoirs privés, seraient tirées du même auteur : *Interdum discipuli aliquam Ciceronis versionem subscribere* (Reg. VII, med. classis, et alibi). Enfin ils l'adoptèrent pour toutes les classes, parce que cet auteur, nous ayant laissé comme un modèle de la perfection dans tous les genres, peut être proposé comme tel à tous les degrés des études.

Ainsi dans les classes de grammaire on explique ses lettres. Elles se distinguent, on le sait, par un tour aisé, simple, naturel, qui est le ton d'une conversation familière ; mais en même temps c'est une conversation fine, élégante, noble et délicate. On commence par les plus simples et l'on s'élève graduellement jusqu'aux plus sérieuses que l'on achève dans les premiers mois de la troisième. Viennent alors les traités *de Senectute, de Amicitia*, qui sont encore des conversations, mais d'un genre plus relevé. Suivant toujours la même gradation, on voit en humanités ses traités moraux, puis enfin les œuvres oratoires, dernier degré de l'élévation du langage. La rhétorique continue pendant une année entière l'étude du grand orateur, soit dans ses traités sur l'éloquence, soit dans ses immortels discours.

Plusieurs de nos Pères ont fait remarquer la sagesse de cette disposition. Écoutons sur ce sujet le P. Edmond Campian, l'illustre martyr d'Angleterre: *Non audiendi sunt qui omnes bonos latinitatis auctores præfigi (seu proponi) censuerunt : nusquam est, qui ubique est. Certe inter scriptores ipsos probatos et bonos, dictio tam dissimilis reperitur, ut qui horum vestigiis omnium velit insistere, et optima deseret, et non consequetur mediocria. Unde illud proverbium inolevit : Qui plures insequitur lepores, nullum capit, sed et illi aberrant a vero qui Ciceroni, in imitatione, primas styli, non tamen soli, deferunt... Illud est expeditissimum, ut unus ponatur*

*ob oculos, unus ad imitandum constituatur. Quod si unus
(proponendus est), quis nisi M. Tullius, cui natura suas
omnes opes contulit, cui latinus sermo patrius fuit ?*

On conçoit, en effet, quelle heureuse impression doit faire sur
les enfants cette parole, la plus constamment parfaite qu'on
ait jamais entendue, retentissant sans cesse à leurs oreilles,
durant le cours de leur carrière littéraire, Cicéron est lui-même
le maître qui enseigne les élèves par la bouche du professeur.

Les poëtes ne sont pas négligés dans ce plan d'études ; mais
on a sagement réglé qu'ils ne seraient introduits que quand les
élèves auraient déjà passé deux années au moins dans la société
de Cicéron tout seul, c'est-à-dire vers le milieu de la quatrième. Quelque peu façonnés dès lors à la langue de l'orateur, ils peuvent sans inconvénient prêter l'oreille à celle des
poëtes et avec l'aide du professeur apprendre à discerner celle-
ci du langage ordinaire. Mais alors même, de peur que la distinction des styles ne s'efface dans la pensée des élèves et que
l'habitude qu'ils cherchent à acquérir de parler et d'écrire toujours à la manière de Cicéron ne s'altère au contact du poëte,
l'orateur ne cesse pas de se faire entendre ; il continue à être
seul l'objet de la grande et solennelle explication du matin, et
jusqu'au dernier jour il restera le grand modèle à suivre.

Quant aux historiens latins, en plaçant Cornelius Nepos à
côté de Cicéron pour la première classe de grammaire (cinquième), César pour la quatrième, Salluste, Quinte-Curce et
Tite-Live pour la troisième, on ne prétend pas les substituer à
Cicéron dans la prélection du matin. Cette innovation serait
formellement contraire à la lettre comme à l'esprit du plan d'études que nous analysons et aurait des effets regrettables. Ces
auteurs ne s'expliquent pas comme Cicéron : ils se lisent plutôt :
historicus fere excurrendus (Reg. com, 28), afin d'acquérir
une certaine érudition, de familiariser de plus en plus les enfants
avec l'usage et la pratique du latin et des textes dont ils peuvent
avoir besoin dans les épreuves du baccalauréat. Un élève formé
durant cinq ou six ans à l'école de Cicéron aura une grande
facilité à les comprendre et à les interpréter ; la lecture des auteurs, passée aujourd'hui à l'état de fiction légendaire, peut
redevenir ainsi une réalité, et la connaissance du grand modèle

tant recommandé par Quintilien produira ici ce que produit partout la connaissance des maîtres et des chefs-d'œuvre, c'est-à-dire une merveilleuse aptitude à comprendre et à apprécier ceux qui ne se sont formés qu'en marchant sur leurs traces.

Pour remplir le cadre que nous nous sommes tracé, il reste à faire connaître la manière d'étudier et d'interpréter les auteurs classiques, grecs, latins ou français, d'après le *Ratio studiorum*, en vue d'assurer la formation intellectuelle et morale de l'enfant ; puis, en terminant nous dirons quelque chose des précautions prises par les anciennes méthodes, à l'encontre du système moderne, afin que l'objet de l'enseignement fût à la fois *simple et parfaitement gradué*.

VI. — La prélection, ou explication des auteurs. Son résultat intellectuel et moral.

Si la sagesse du plan d'études que nous analysons est remarquable dans le choix des modèles, et en particulier du grand modèle sur lequel doivent se former nos élèves, elle n'éclate pas moins dans la manière de les leur proposer. Personne n'ignore où en est réduite aujourd'hui l'étude des chefs-d'œuvre de l'antiquité, dans un grand nombre d'établissements d'instruction publique, depuis les premières classes de grammaire jusqu'à la rhétorique inclusivement ; tout se borne à un mot à mot prosaïque et souvent barbare, que suit la lecture d'une traduction plus ou moins élégante, plus ou moins fidèle. Comme l'a dit un évêque illustre, on se contente « de mettre une phrase ou un membre de phrase français quelconque, sous un texte grec ou latin. » Et des jeunes gens sont censés élevés, quand ils ont fait ou vu faire cet exercice durant sept ou huit ans. Certains fragments épars et disparates de quelques auteurs latins ou grecs leur ont été ainsi émiettés dans un littéral misérable, où il ne reste plus rien de la beauté ni de la vigueur de l'original ; et c'est dans cette poussière qu'il leur faudrait retrouver le chef-d'œuvre, avec ses grâces délicates ou ses nobles et fières attitudes ! En vérité, il n'y a pas lieu de s'étonner de l'indifférence ou du dégoût de la jeunesse pour l'étude, quand on ne l'a pas conviée à d'autres spectacles et nourrie d'un autre aliment.

Approfondir un texte et en peser les expressions ; étudier la valeur d'une pensée, ses développements ; saisir la suite et l'enchaînement des différentes parties d'un tout, enfin avoir des vues d'ensemble sur un sujet : c'est ce dont on paraît avoir perdu l'habitude et peut-être l'idée.

Que l'ancienne prélection est différente de cette routine si commode à la paresse, mais si peu utile à l'intelligence soit du maître soit des élèves ! Ouvrons le *Ratio*, et au chapitre de n'importe quelle classe, lisons les règles propres de cet exercice, le plus important peut-être pour la formation intellectuelle des jeunes gens. S'agit-il d'un livre ou d'un auteur nouveau ? Le régent est tenu d'abord de donner sur ce livre ou cet auteur des notions générales, claires et succinctes : c'est une première vue d'ensemble qui projette déjà quelques lumières sur les matières à expliquer. Pour cela il a dû, suivant sa règle, lire attentivement le livre ou le discours tout entier. *Totumque librum vel orationem ante-perlegerit* (Reg. com., XXVII). Bien plus, on demande qu'au lieu de s'abandonner au courant d'une interprétation improvisée et en désordre, il ne donne à ses élèves que ce qu'il aura médité et écrit dans sa chambre, après une étude approfondie. *Non tumultuario ac subito dicat, sed quæ domi cogitate scripserit* (Ibid). Mais ce ne sont là que les préliminaires de l'exercice ; le voici lui-même dans le détail des diverses parties qui le composent.

1° On lit devant toute la classe le passage à expliquer : *Prius totum continenter pronuntiet, nisi aliquando in rhetorica et humanitate longior esse debeat* (Reg. com., XXVII). Qui ne voit la raison et l'utilité de ce début ? C'est comme un appât, une provocation qui éveille la curiosité des enfants ; les plus forts veulent tout saisir à une première lecture, parfois ils y parviennent ; les autres s'efforcent du moins de deviner quelque chose. En outre, quelle précieuse occasion pour le professeur de s'exercer lui-même, et d'exercer ses élèves à bien lire le latin, le grec ou le français ! Une bonne lecture, outre son mérite particulier, prépare à une bonne et intelligente déclamation. Or, à entendre la plupart de ceux qui parlent, soit dans nos congrès, soit à la tribune, il n'est que trop visible que ces hommes ne savent ni lire ni déclamer.

2° La lecture est suivie de l'argument : résumé net et exact des idées développées dans le passage à expliquer. C'est comme un germe précieux, qui, sous la parole du maître ou de l'élève interprétant le chef-d'œuvre, va bientôt se développer et s'épanouir.

3° Alors se présente la troisième phase de la prélection. Elle consiste à attaquer en détail chaque partie de ce tout, dont la lecture a fourni une vue d'ensemble, et dont l'argument a précisé le sens. Durant ce travail, l'enfant voit ce que devient cette idée nue et sans vie, contenue dans l'argument. Sous le regard de son intelligence, elle se développe, peu à peu et à mesure que l'explication se poursuit ; elle s'embellit, elle s'anime, elle redevient vivante.

C'est ainsi que, même avant de s'en rendre compte, l'enfant habitue son intelligence à s'avancer graduellement et sa pensée à suivre un cours régulier. Son esprit, parcourant les espaces qu'a parcourus l'esprit de l'auteur, prend peu à peu les allures de son modèle.

Il échappe d'autant moins à cette heureuse influence, que l'action du chef-d'œuvre s'exerce au plus intime de l'être. En effet, l'intelligence de l'écrivain, portée sur les ailes de sa pensée, l'âme de l'orateur ou la flamme du poëte, pénétrant dans cette jeune âme, fait effort pour l'élever à sa hauteur, la dilater à sa mesure ; et déployant sous ses yeux les vastes horizons qu'elle illumine, elle ne se retire qu'en lui laissant la noble et profonde empreinte de son contact.

Il est hors de doute qu'en grandissant dans un milieu poli et élégant l'enfant se forme, sans s'en apercevoir, aux manières, à la tenue et au langage de l'homme de distinction ; comment donc serait-il possible que ce commerce assidu et réfléchi avec l'élite des intelligences demeurât pour lui sans résultats ? L'effort même qu'il a dû faire pour comprendre ses modèles, s'approprier leurs idées, n'en rendra l'impression que plus durable. C'est à la sueur de son front qu'il a pénétré le secret

de cette pensée, qu'il est parvenu à dérouler sous ses yeux ces
brillantes peintures, ces images exactes et saisissantes, dont sont
remplis les chefs-d'œuvre anciens ; ce n'est qu'en ouvrant son
cœur aux nobles et pures émotions, qu'il l'a senti battre à l'unis-
son du cœur des princes de l'éloquence et de la poésie ; comment
se pourrait-il faire que ce travail de toutes ses facultés, cet exercice si bien approprié à leur nature, ne lui donnât pas une vigueur, une souplesse, enfin une distinction proportionnée à ses
aptitudes naturelles et à ses efforts?

Ces avantages, pourvu qu'on suive fidèlement le plan d'explication du *Ratio*, sont assurés à toutes les classes, mais plus
spécialement encore aux deux dernières, qui embrassent de plus
vastes horizons et parcourent une carrière plus étendue. Dans
les classes précédentes, et c'était assez pour atteindre le
but, on a surtout familiarisé les enfants avec la parfaite intelligence du texte, les préceptes de la grammaire, la valeur
des termes, l'usage des métaphores et l'élégance des expressions.

Mais les humanités et la rhétorique vont bien au delà. La
première de ces deux classes, sans rien exclure de ce qui précède, pénètre plus avant dans le sens des auteurs ; elle remonte
aux étymologies des mots, en étudie les acceptions diverses,
établit un parallélisme et fait des rapprochements entre les langues ; *se totum effundat Magister in latinæ et vernaculæ linguæ observationes : in rim etymologiamque verborum... in
collationem indolis utriusque linguæ...*; elle se termine par
des remarques plus générales sur l'application des préceptes littéraires et quelques notes d'érudition, s'il y a lieu.

Quant à la prélection de rhétorique, son domaine est immense.
Elle roule sur l'artifice oratoire au triple point de vue de l'in-
vention, de la disposition et de l'élocution. *Tota artificii ratio...
exploranda* ; conséquemment et avant tout, sur les topiques et
l'amplification oratoire, généralement si négligée, et cependant
si utile. C'est d'elle que parle le comte de Maistre quand il dit :
« Tous les orateurs des xvie et xviie siècles ont amplifié, et l'éloquence s'est éteinte précisément à l'époque où l'on a changé le
système d'éducation. Par là le jeune homme s'exerçait à voir un
objet sous toutes ses faces... (et à mettre de l'ordre dans ses

idées). Il n'y a pas d'autre moyen de former la jeunesse à l'éloquence et à la composition [1]. »

Sans doute le grand écrivain avait entendu Quintilien nous déclarer que la puissance de l'orateur est tout entière dans son talent d'amplifier : *Vis oratoris omnis in augendo minuendoque consistit;* et avant lui Cicéron, affirmant que l'amplification est le triomphe de l'éloquence : *Summa laus eloquentiæ est amplificare rem ornando* [2].

Outre ces remarques générales sur le texte, qui pourront faciliter des devoirs d'imitation, le régent fait observer à ses élèves avec quelle habileté l'orateur s'insinue dans les esprits : *Quam apte se orator insinuet;* la convenance, les grâces ou l'harmonie de son langage ; le choix de ses preuves, l'ordre dans lequel il les fait avancer, et tout son plan de bataille ; enfin ses procédés pour soulever ou apaiser les passions et déterminer la victoire.

Ce n'est pas tout : afin d'environner d'une lumière plus éclatante le passage qu'il explique et d'en graver le souvenir, le maître lira à ses élèves des passages analogues, tirés du même auteur, d'un poëte ou de quelque écrivain national. Il confirmera, par des autorités nouvelles et respectables, les enseignements de son texte : *Quarto, res ipsæ, sapientium sententiis, si res ferat, confirmandæ.*

Les sciences, l'histoire, la fable, tout ce qu'il a pu acquérir de connaissances, sera mis à profit pour donner à cet exercice le plus d'agrément et d'utilité possible.

Voilà quelque chose du vaste champ ouvert au maître et à l'élève par l'ancienne prélection. Les hommes intelligents qui ont l'occasion d'étudier plus en détail cette méthode, ne peuvent s'empêcher de rendre hommage à des plans si sagement combinés, et dont Quintilien paraît avoir dessiné lui-même les grands traits dans ses *Institutions oratoires.* Ils comprennent alors quels peuvent être les résultats d'un enseignement fondé sur ces principes et les ravages que les méthodes modernes, jointes aux programmes qu'il faut subir, ont faits dans l'enseignement.

---

[1] *Lettres et Opuscules inédits.* Lettres au Ministre de l'instruction publique en Russie.

[2] *De Orat.,* III, 27.

Les règles que nous avons passées en revue jusqu'ici trouvent encore leur application naturelle dans l'étude de la langue nationale et de ses chefs-d'œuvre. Pour donner une plus large place aux modèles antiques sur lesquels se sont formés nos grands écrivains, on n'a pas cru devoir les négliger eux-mêmes : on les étudiera au contraire avec d'autant plus d'avantages, que les sources auxquelles ils ont puisé seront mieux connues. Le comte de Maistre, dans ses lettres au ministre de l'instruction publique en Russie, admire la sagesse de l'ancienne discipline, qui *retardait jusqu'à la rhétorique* les compositions dans l'idiome national. « Cette classe, dit-il, était proprement une répétition des humanités, mais sur un plan beaucoup plus étendu. C'est dans cette classe seulement que l'on commençait à s'exercer dans la langue du pays, parce qu'on pensait universellement qu'il fallait étudier l'antique avant de se mêler de peindre ou de sculpter[1]. » Ces paroles sont remarquables et pleines d'enseignement. Toutefois l'illustre écrivain ne veut pas dire qu'avant la rhétorique il n'était nullement question dans les classes de la langue maternelle, puisque, aux termes mêmes du *Ratio*, la prélection ou explication des auteurs, moins les remarques sur le texte, se fait en cette langue, jusqu'à la quatrième inclusivement : mais il s'agit de compositions littéraires. Quant à la marche à suivre dans cette étude, voici en quelques mots toute la pensée du *Ratio studiorum*, interprétée par ses juges les plus autorisés : *In lingua vernacula ediscenda, eadem fere methodo procedatur, ac in linguæ latinæ studio* (Reg. com., XII). Donc pour le français, aussi bien que pour le latin, étude et explication de la grammaire, dans les basses classes, avec des exercices d'orthographe et d'analyse. En humanité et en rhétorique, compositions de divers genres, depuis les exercices sur le mécanisme et la structure de la phrase, sur les différentes espèces d'amplifications, jusqu'aux compositions et aux critiques littéraires et oratoires. Nous ne parlons pas de la version, en usage dans toutes les classes, et qui contribue d'une manière si efficace à la formation du style, lorsque le texte en est bien choisi et qu'elle est elle-même soigneusement

---

[1] *Lettres et Opuscules inédits*, t. II, let. II.

corrigée. Le *Ratio studiorum* prescrit encore aux régents un autre exercice important, mais généralement moins connu ou pratiqué : c'est la prélection ou explication de l'auteur français, poëte cu prosateur, d'après la méthode même de la prélection latine, que nous avons étudiée : *Eodem fere modo prælegantur auctores classici, in lingua vernacula* (Reg. com., xviii) ; et l'expérience démontre que cette explication, entendue comme elle doit l'être, a, pour les élèves de toutes les classes, même les moins élevées, un attrait et une utilité incontestables. Ici, moins encore que lorsqu'il est question de la prélection latine en latin, il ne s'agit nullement de remplacer un mot français, celui dont s'est servi l'auteur, par un autre mot, qui vraisemblablement ne le vaudrait pas ; une expression choisie, par une autre expression probablement moins heureuse. Ce que nous avons dit déjà de l'étude des modèles fait assez comprendre qu'il ne saurait en être ainsi. Mais, soit que cette étude se fasse de vive voix et publiquement, soit que, de temps en temps, on l'exige de chaque élève individuellement et par écrit, voici une méthode pratique, basée sur les indications mêmes du *Ratio studiorum*, et qui ne manque jamais de produire d'heureux résultats. Comme on l'a fait pour les auteurs latins et grecs, après la lecture du passage à étudier, on en donne le sommaire ou l'argument en quelques mots. Suit, pour les hautes classes, l'examen rapide des sources d'amplification littéraire ou oratoire, telles qu'on les retrouve dans les anciennes littératures et les anciennes rhétoriques. D'après l'excellente réflexion du comte de Maistre, il importe souverainement de les signaler à l'élève et de les lui faire exploiter à son tour, sur un sujet analogue. Viennent enfin les remarques sur le fond et sur la forme, telles que les indique la nature du morceau et surtout que les comporte le degré de la classe. Ici, le détail pourrait être infini : dans les basses classes on fera surtout des remarques de grammaire, d'orthographe ou d'étymologie, de synonymie ou d'érudition ; remarques sur les différents sens du mot, sens propre et sens métaphorique : sur le choix et la valeur des expressions ; sur la construction et l'ordonnance de la phrase ; enfin, autant que les élèves peuvent y atteindre, sur la perfection de l'ensemble. Dans les hautes classes on appréciera les qualités générales ou particulières du style, la propriété des termes, la variété ou la vivacité des tours, la justesse, l'énergie, parfois la sublimité des pensées, l'élévation des sentiments, le caractère spécial de l'artifice oratoire, l'habileté particulière avec laquelle les préceptes du genre se trouvent appliqués dans la pièce ou le morceau tout entier. Ce travail, exécuté avec le soin convenable, aide beaucoup au développement de l'intelligence des enfants, à la formation de leur jugement et de leur goût, en même temps qu'au perfectionnement de leur style; il donne du sérieux à leur esprit et à leur caractère; enfin il leur inspire l'amour de nos chefs d'œuvre et un juste mépris pour tant de productions modernes frivoles ou dangereuses, qui ne résistent pas plus à l'examen de la critique qu'à l'épreuve de la morale.

Et puisque nous venons de prononcer ce nom, c'est ici peut-être le lieu de rappeler une règle du *Ratio*, de toutes la plus considérable par son objet : nous voulons parler du soin et de l'obligation de christianiser l'enseignement et de former le cœur des enfants par les ouvrages mêmes destinés à éclairer leur intelligence. Personne ne s'étonnera qu'une œuvre de cette nature ait été le premier objet de la sollicitude de l'Institut, sollicitude, on peut le croire, que partagent tous ses membres. Pouvait-il oublier ce qu'il doit à Dieu, à la société et à l'enfant lui-même ? Car qui ne sait que la pureté du cœur n'est rien moins qu'indifférente aux succès des études ? Une corruption précoce amoindrit ou étouffe le talent; elle peut tuer jusqu'à la flamme sacrée du génie. D'ailleurs, s'il est vrai que le maître a pour mission de préparer le bonheur et l'avenir de son élève, ce bonheur et cet avenir dépendraient-ils moins des vertus et de la conduite de son élève que de ses talents ? Enfin, quelle cruauté chez un maître qui d'ordinaire exerce une si grande influence sur son disciple, de ne point en user pour rendre à sa jeunesse et à son inexpérience le plus inappréciable de tous les services, en lui apprenant à juger sainement de la vie par les devoirs qu'elle impose et l'éternité qui la suit ! Les résultats d'une éducation où Dieu ne préside pas devraient nous être assez connus, après que nous avons vu la barbarie lettrée préluder à ce qu'elle réserverait au monde, par le massacre des otages et l'incendie des palais ; et la société, qui a le droit de se

défendre contre les entreprises d'une bande d'empoisonneurs ou
d'assassins, aurait bien plus encore, si ses chefs voulaient comprendre, le *droit* et le *devoir* de se défendre contre une éducation sans Dieu. Quoiqu'il parût à peine nécessaire de recommander à des maîtres religieux ce grand côté de l'éducation, les
prescriptions sur ce point sont cependant nombreuses et pres-
santes, dans la crainte qu'absorbé par les soins déjà si multiples
de l'instruction, le régent ne néglige ceux de l'éducation, sans
laquelle l'instruction trop souvent est dangereuse ou funeste. En
étudiant le *Ratio studiorum* on remarque que cette sollicitude
fait l'objet de la première des règles du provincial. C'est la première encore inscrite en tête de celles du recteur et du préfet des
classes ; enfin, c'est la première des règles communes à tous les
professeurs : *Adolescentes qui in Societatis disciplinam traditi
sunt, sic magister instruat, ut una cum litteris mores etiam
christiani dignos imprimis hauriant.* Le détail des devoirs
du régent, détail qui suppose un externat plutôt qu'un pensionnat, est tracé dans les dix règles suivantes : la courte prière qui
commence la classe, le signe de croix avant l'explication, la
sainte messe, l'instruction religieuse sous toutes ses formes, la
fréquentation des sacrements, la dévotion envers la sainte Vierge,
l'ange gardien et le Sacré Cœur qu'il doit inspirer à ses élèves,
la fuite du mal et la lutte contre les mauvais penchants de la
nature, la pratique des vertus, le caractère religieux de ses re-
lations avec les enfants que Dieu lui confie ; enfin pour ce qu'il
n'est pas en son pouvoir de leur procurer, la prière qui supplée
à toutes nos impuissances : *Oret Deum sœpe pro suis discipu-
lis, eosque religiosæ vitæ suæ exemplis œdificet :* tels sont en
résumé les devoirs que, dans son *Ratio studiorum*, la Compagnie de Jésus entend imposer à ses régents. Mais de ces diverses
prescriptions, la plus remarquable en un sens, celle dont l'objet
a le plus d'étendue, c'est la suivante, formulée dans la seconde
partie de la première des règles qui nous occupent. « Qu'il ait
un soin particulier, y est-il dit, soit dans les explications, lorsque l'occasion s'en présente, soit en dehors, de façonner ces
âmes encore tendres, au respect et à l'amour de Dieu et de toutes les vertus qui doivent nous rendre agréables à ses yeux. *Fe-
ratur autem ejus peculiaris intentio, tam in lectionibus, cum*

se occasio obtulerit, quam extra eas, ad teneras adolescen-
tium mentes obsequio et amori Dei ac virtutum quibus ei pla-
cere oportet præparandas. » Ainsi, après avoir posé en principe
que la formation morale, c'est-à-dire l'éducation chrétienne de
l'enfant, doit marcher de pair avec sa formation intellectuelle,
una cum litteris mores christianos, le *Ratio* nous donne les auteurs que nous expliquons, comme pouvant être souvent les inter-
prètes de nos devoirs et les hérauts de la bonne nouvelle. Que
de fois, en effet, il nous est facile de faire parler chrétiennement,
quand ils ne le font pas en réalité, les auteurs, même païens !
car personne n'imaginera, sans doute, que le grand souci de ces
auteurs soit de nous donner des leçons de paganisme ; autrement saint Thomas, disciple si déclaré du philosophe païen Aristote, nous eût laissé (et tant d'autres saints et illustres person-
nages à sa suite) une philosophie et une théologie bien païennes.
Que de fois donc nous pouvons développer le sens moral ou religieux de quelques-unes de leurs maximes ; apprendre à détester
le vice, en voyant les haines vigoureuses, les nobles indignations
dont ils le poursuivent ; ou encore nous affermir dans nos saintes
croyances, par le spectacle de leurs grossières erreurs ! L'exi-
stence de Dieu, celle de la Providence qui gouverne tout, la nécessité de la religion pour le maintien des sociétés ; les récom-
penses de la vertu, les châtiments du vice, l'éternité des peines,
ce sont là, pour ne parler point des autres, autant de dogmes,
dont nous retrouvons à chaque pas des leçons, dans nos chefs-
d'œuvre littéraires, oratoires et poétiques ; et tandis qu'aujour-
d'hui, nombre d'hommes, de chrétiens baptisés dans le sang de
Notre-Seigneur, pensent donner du lustre à leur médiocrité en
la couronnant d'athéisme ; voici, chez des païens, les oracles de
la sagesse antique, les princes des orateurs et des poëtes, enfin
ce que l'antiquité compte d'intelligences d'élite et de génies, qui
nous parlent sans cesse de la divinité, de sa justice et de ses
vengeances. C'est le moins religieux de ces écrivains, celui, il
est vrai, qui eut le courage de donner à sa philosophie d'esprit
fort le nom qu'elle mérite : *Insanientis sapientiæ* [1], c'est Horace
qui révèle, en la dénonçant à son siècle, la cause des châtiments

---

[1] *Od.,* l. I, 28.

qui menacent Rome : les fautes de leurs ancêtres et l'abandon où
eux-mêmes laissent leurs temples sacrés : *Delicta majorum*...
On s'expose à n'être pas compris, quand, en interprétant les
textes de la sainte Écriture, ou les leçons de l'histoire, on vient
dire à des chrétiens, comme le fait un grand publiciste : « L'étude
des sociétés européennes m'a fait constater que le bien-être phy-
sique et moral des peuples est en raison directe de la pureté et
de l'énergie de leurs convictions religieuses [1]. » Et voilà ce même
Horace qui, avec une sûreté de coup d'œil et une fierté de génie
digne de saint Augustin ou de Bossuet, ne craint pas de dire au
peuple-roi et au siècle d'Auguste : « C'est ta soumission aux
dieux qui te vaut l'empire du monde : *Dis te minorem quod ge-
ris, imperas.* » Que d'autres maximes semblables il nous est
loisible de recueillir et de commenter brièvement dans nos prélections de Cicéron, en particulier, de Démosthène, de Sophocle ou de Virgile ! Il n'y a pas jusqu'à l'absurdité du poly-
théisme qui ne puisse et ne doive devenir pour nos élèves un
argument de plus en faveur de la religion. Il faut que le sentiment religieux soit bien naturel à l'homme et bien impérieux,
puisque les peuples, en masse, pour ne point mentir à la nature,
ont préféré la folle idée d'avoir plusieurs dieux à la folie mille
fois plus monstrueuse de n'en avoir aucun.

Nous n'avons passé en revue qu'une partie des points principaux du *Ratio studiorum*. La perfection qu'on y rencontre se
retrouve en chacune de ses autres prescriptions, ainsi que
l'on peut s'en convaincre, en étudiant ce qui regarde l'*explication des leçons*, la *nature des devoirs* à donner aux
enfants, et la *manière de les corriger*, l'*imitation des auteurs*,
dont il est partout question, parce qu'elle est en effet un moyen
prompt et infaillible de faire avancer les élèves, enfin, la *tenue
d'une classe* avec ses camps et ses décurions, et jusqu'aux moindres détails de la discipline. Mais avant de finir, jetons du moins
un coup d'œil rapide sur un autre point essentiel, qui en nous
révélant un nouveau mérite de cet ancien code littéraire, nous
expliquera plus clairement encore, peut-être, la stérilité de l'enseignement moderne.

[1] Le Play.

VII. — SIMPLICITÉ ET PROGRESSION DANS L'OBJET DE L'ENSEIGNEMENT. — CONCLUSION

Un dernier trait général et caractéristique du *Ratio studio-rum*, c'est que l'objet de l'enseignement y est en même temps simple et admirablement gradué ; la méthode moderne au contraire, par une disposition funeste à tous égards, tend à multiplier le plus possible et à faire marcher de front les diverses matières de l'instruction. *Omne studium in eo positum est, ut quam plurima pueri discant, discant autem quam brevissimo tempore, et quam minimo labore.*

A peine les élèves commencent-ils à apprendre les premiers éléments de leur langue maternelle, qu'on leur fait étudier le latin, le grec, peut-être même quelque langue moderne ; l'histoire, la géographie, les mathématiques, etc. Ils ne savent pas écrire deux mots de prose qu'on leur parle de versification ; ainsi du reste. On éparpille l'attention et les facultés des enfants sur une foule d'objets qu'ils effleurent sans en pénétrer aucun. On veut par là leur enseigner plus de choses et en moins de temps ; mais une expérience constante prouve que l'on n'aboutit qu'à les rendre superficiels, et à multiplier, en pure perte, leurs années d'étude. Les résultats moraux de cette méthode malsaine et presque barbare, sont plus déplorables encore. *Ista tam multarum rerum disciplinarumque varietas, quas summis labris attingunt potius adolescentuli quam hauriunt, illud scilicet efficit, ut sibi quidem multa scire videantur, et aliquando semidoctorum turbam, scientiis æque ac reipublicæ, si qua est alia, perniciosissimam augeant ; at nihil vere et solide sciunt. Ex omnibus aliquid ; in toto nihil.*

Les hommes les plus graves et les plus compétents de notre siècle ne pensent pas autrement. La Harpe se plaignait déjà lui-même que l'on embarrassât les enfants de l'étude du latin, à un âge où ils n'ont pu jeter encore les fondements d'une bonne et solide instruction primaire, où leur langue naturelle ne leur est pas suffisamment connue. « A l'égard de la grammaire, j'ai toujours pensé, dit-il, qu'on la commençait trop tôt dans les collèges ; et de là vient aussi que l'on y apprend si mal. Comment voulez-vous qu'un enfant de huit à neuf ans se soucie que l'adjectif s'accorde avec son substantif en genre, en nombre et en cas ? Je suis persuadé que ce cours, commencé plus tard, peut être achevé en moins de temps. » Voilà tout ensemble et un témoignage nouveau en faveur de l'enseignement ancien et la condamnation des méthodes modernes. Qui ne sait, en effet, que, dans nombre d'établissements, ·on a créé jusqu'à huit et neuf classes de latin. Là, de malheureux enfants, qui savent à peine écrire et ne sont fixés encore sur aucun des principes de leur propre langue, doivent s'occuper d'une langue beaucoup plus difficile pour eux. Cette double étude, conduite *surtout d'après les procédés actuels*, multiplie la fatigue et décuple les obscurités ; elle fait naître bientôt dans l'âme de ces petits enfants un dégoût précoce pour ces travaux multiples et disparates, que la perspective de huit ou dix années du même supplice ne tarde pas de leur rendre insupportables.

Comment n'admirer pas ici encore la sagesse du plan d'études qui nous occupe !... Il fixe à cinq ou six au plus, le nombre des classes. Sans parler de beaucoup d'autres avantages qui résultent soit pour le maître soit pour l'élève de cette disposition, elle renferme une garantie de succès considérable, si l'on sait interdire l'entrée de la sixième, la première des classes ouvertes aux études secondaires, à tout enfant que son âge et ses connaissances en français ne mettent pas à même de commencer utilement l'étude du latin. Si des besoins particuliers, si des nécessités mêmes que l'on croit devoir subir obligent à recevoir de tous jeunes enfants, qu'ils trouvent dans les collèges catholiques une solide instruction primaire à laquelle, sous des maîtres particuliers, ils consacreront, s'il le faut, plusieurs années. Le *Ratio studiorum* a prévu même ce cas embarrassant (Reg. Præf., VIII, 12). Ici toutefois, à moins que l'établissement ne soit parfaitement chrétien, on se rappelle involontairement ces graves paroles du comte de Maistre à une mère de famille : « Ne soyons point les meurtriers de l'innocence, en la précipitant de si bonne heure au milieu des dangers qu'accompagnent nécessairement tous les rassemblements nombreux. — L'œil du sage s'arrête douloureusement sur ces amas de jeunes gens où les vertus sont isolées et tous les vices mis en commun. »

On pourrait donner ces paroles à méditer à ceux qui pensent que la religion peut se contenter du second ou du dernier rang dans l'éducation.

Mais, pour revenir à la question, que jamais la présence de ces enfants, dans un externat ou un pensionnat, ne soit un motif de leur faire franchir le seuil de la première classe de latinité avant qu'ils n'aient de leur propre langue une connaissance suffisante, c'est-à-dire avant qu'à la lecture et à l'écriture, ils ne joignent, dans une mesure convenable, l'intelligence pratique de la grammaire française et des règles de l'orthographe.

Telle était la conduite de nos ancêtres. Non-seulement ils ajournaient au moment propice le commencement des études secondaires, mais encore ils tendaient à simplifier le plus possible l'objet de leur enseignement. Il suffit, pour s'en convaincre, d'observer la marche tracée par le *Ratio studiorum*. Dans ce plan admirable on voit les matières se succéder sans confusion et sans jamais s'embarrasser ; chacune venant en son temps et servant comme de degré pour faire arriver à la suivante. L'enfant apprend bien une chose avant de passer à une autre ; et tous ses efforts, se concentrant sur un même point, il le pénètre plus aisément et en retire une connaissance plus complète et plus durable. C'est ainsi, par exemple, que, contrairement à ce qui se pratique d'ordinaire, le *Ratio* réserve à la troisième l'étude de la versification latine, parce que, parvenus à cette classe, les élèves connaissant toutes les règles de la syntaxe, il ne leur reste à voir que quelques exceptions, les plus rares dans la pratique et les moins nécessaires à connaître. Ils peuvent conséquemment, pendant cette année-là, achever l'étude de la grammaire et voir ensuite la prosodie, afin d'arriver en humanités, bien préparés aux diverses compositions, soit en poésie, soit en prose, auxquelles ils devront s'exercer désormais. C'est ainsi que, durant les trois cours de grammaire, le *Ratio* les applique presque exclusivement à l'étude du latin. — Pour le grec, en dehors des courtes prélections du soir, il se contente de leur faire apprendre les rudiments, déclinaisons et conjugaisons. *In Græcis autem octo partes orationis, seu quæcumque rudimentorum nomine*

continentur (Reg. I *supr. class. gram.).* Il n'est question de
la syntaxe grecque que dans la classe d'humanités, où on la voit
tout entière et sans peine, car elle n'est pour ainsi dire que la
reproduction de la syntaxe latine, dont les élèves ont acquis une
connaissance complète dans les classes précédentes. Enfin la
prosodie est prescrite pour la rhétorique. D'où l'on peut voir que
l'on arrivait autrefois à enseigner plus de grec que de nos jours,
tout en y consacrant moins d'années, parce que l'étude était
mieux coordonnée qu'aujourd'hui. Au lieu des rapides instants
consacrés chaque semaine, le soir, à la prélection grecque,
le *Ratio* lui réservait trois heures en humanités et quatre en
rhétorique. C'est qu'on pensait avec raison que, plus les élèves
avancent dans la connaissance du latin, plus ils peuvent, sans
inconvénient et avec fruit, s'adonner à l'étude de cette autre
langue classique, sa rivale en perfection et en chefs-d'œuvre.

Quelle sagesse aussi, et quelle précision dans le partage des
matières assignées à chaque classe! Avec quelle juste sévérité on
exige que tous les professeurs se renferment dans les limites
qui leur sont tracées. *Scholæ omnes in suo gradu se conti-
neant (Rat. stud., com. xii). Caveat ne gradus, quibus
quinque scholæ inferiores constant, ulla ratione permiscean-
tur* (Reg. Præf., viii).

Aujourd'hui, au contraire, ainsi qu'il est loisible à chacun de
s'en convaincre, outre l'absence de règles et de direction en fait
d'enseignement, les limites des classes sont confondues, et il serait difficile de définir ce qui les distingue les unes des autres ;
en sorte que le jugement que M. de Sacy portait officiellement
naguère sur la littérature contemporaine, s'applique parfaitement
à l'enseignement de nos écoles actuelles, et il peut se formuler
en termes identiques. « L'enseignement rationnel, la méthode
dans l'art si difficile de former les intelligences a disparu. L'arbitraire a pris la place des règles et l'anarchie a tout envahi. »
Rien d'ailleurs de plus naturel que la corrélation entre ces deux
grands faits, si tristement palpables et historiques : la décadence
des lettres, et celle, non moins profonde, de l'enseignement ; c'est
la connexion essentielle qui existe entre la cause et les effets.

Nous voyons, par tout ce qui précède, que si, pour apprécier
l'excellence et la sagesse du plan d'études dont les traits géné-

raux viennent de passer sous nos yeux, nous avions eu besoin de
la contre-épreuve des méthodes modernes, elle ne nous manque-
rait pas ; elle s'étale à tous les regards, assez éclatante et assez
instructive.

Nous n'ignorons pas qu'un obstacle au retour des saines traditions ce sont les programmes du baccalauréat, surchargés dernièrement de la connaissance d'une langue moderne, qui, en
vérité, produit un bel effet à côté des langues de Cicéron et de
Démosthène, qu'elle achève de ruiner, sans profit pour elle-
même. Les bonnes études sont de plus en plus compromises, avec
des plans ainsi conçus, et dont on peut demander avec le comte
de Maistre s' « ils ont été écrits et présentés sérieusement ; » et
le jugement porté jadis par MM. de Laprade et Demogeot, sur
la préparation au baccalauréat : « c'est un *dressage* violent et
mécanique, ... une préparation hâtive et un *bourrage,* » ce jugement ne mérite guère d'être aujourd'hui modifié ou adouci.

Mais quel que soit le vice de ces programmes funestes qui nous
forcent à consacrer un temps si considérable à des études ac-
cessoires, au détriment de la grande étude qui devrait nous occuper, y trouvons-nous une raison de rejeter les enseignements
du passé, ou de les croire absolument impraticables aujourd'hui ?
D'abord nous ferons observer que ces programmes ne gênent en
rien la plupart des petits séminaires, heureusement affranchis de
leur domination, et soustraits à leur pernicieuse influence ; quant
aux autres établissements et aux collèges catholiques qui les su-
bissent, ces programmes, pensons-nous, bien loin de nous éloigner des anciennes méthodes, devraient au contraire nous y ramener. En effet, dans une question d'ailleurs si grave, et à ne
considérer que le succès, tout homme qui voudra réfléchir sérieusement, pour être conséquent avec lui-même, devra avouer
que *plus sont larges les brèches faites aux études classiques
par les exigences des programmes,* en d'autres termes, *que
plus le temps à consacrer aux littératures grecque, latine et
française a été diminué, plus aussi ce qu'il reste de ce temps
précieux, mérite d'être soigneusement utilisé.* Or, nous le demandons à quiconque aura bien voulu nous suivre jusqu'ici
attentivement et sans préjugé, où trouver une méthode à la fois
plus expéditive et plus féconde que celle qui (nous l'avons démon-

tré), d'une part, met en jeu toutes les facultés, de l'autre, utilise
tous les instants. C'est précisément pour les temps où nous vivons qu'il faudrait l'inventer, si elle n'existait, puisqu'on veut
à tout prix marcher vite et arriver sûrement. Donc, quand il nous
serait loisible d'en modifier les prescriptions, bien loin de l'éner-
ver par de funestes tempéraments ou de la détruire, nous de-
vrions tendre, s'il était possible, à la fortifier encore et à la perfectionner. Si cette inévitable conclusion ne se défendait pas par
elle-même, nous pourrions invoquer à l'appui le témoignage de
faits nombreux et concluants, empruntés à l'histoire de colléges
catholiques de plus en plus florissants, à mesure qu'ils se rap-
prochent davantage de l'ancienne discipline.

Mais il est permis de viser plus haut que le succès au baccalauréat, succès dont chacun est libre d'apprécier à son gré la valeur. Quelque fatales que puissent être les déviations imprimées
à la direction de l'enseignement, il faut bien avouer que les études classiques n'ont rien perdu en elles-mêmes de leur souveraine importance : elles demeurent l'étude capitale à laquelle on
doit appliquer la jeunesse ; et quel que soit l'avenir, la supériorité intellectuelle en tous genres restera aux peuples et aux sociétés qui les auront le moins négligées, qui les auront le plus
soigneusement et le plus chrétiennement cultivées. Or, nous le
demandons de nouveau, entre la méthode si sage, si éprouvée, si
infaillible, qui forma nos grands siècles littéraires, et la méthode,
ou mieux l'anarchie moderne, pour un homme raisonnable, peut-
il y avoir lieu à hésiter ?

Enfin, voici une considération qui, aux yeux de nos lecteurs,
ne peut manquer de dominer toutes les autres ; c'est que, façonnés dès le bas âge à ces exercices toujours attrayants pour l'enfance, mais surtout utiles et importants, non-seulement les élèves s'attacheraient aux études, à proportion qu'ils y feraient des
progrès plus rapides ; mais, ce qui est encore mille fois plus digne
d'attention, ce travail sérieux, indépendamment de ses résultats
immédiats, aurait pour effet de préparer la jeunesse aux épreuves, aux luttes de l'avenir. C'est sous cette mâle discipline que
se retremperaient les caractères, amollis par une éducation trop
facile et qui n'impose presqu'aucun effort. Cette formation, si bien
en harmonie avec les besoins grandissants de notre époque, ou-

tre ses avantages particuliers, communiquerait à l'âme des disciples une vigueur, une énergie, une vertu enfin, qui leur facili-
terait le triomphe dans les assauts du mal et les rudes combats
qu'il leur faudra livrer contre des ennemis de toute sorte. S'il est
vrai que ce mode d'enseignement exige plus de travail de la part
du maître, et que, sous ce rapport, il sourie peu à la nature, il est
plus vrai encore que bientôt il nous dédommage amplement des
efforts qu'il nous impose, et que le maître ne tarde pas à retrouver dans les progrès de ses élèves et les siens propres le cen-
tuple pour les peines de son labeur.

D'ailleurs, qui de nous consentirait à compter avec ses sym-
pathies, quand il s'agit d'assurer le succès de cette grande œuvre
de l'éducation, qui, par un bienfait particulier de Dieu, confiée
de jour en jour, sur une plus vaste échelle, à des maîtres chrétiens, redevient plus que jamais l'œuvre capitale d'un siècle malheureux et l'espérance de la société en péril ? C'est parce qu'ils
en avaient compris toute l'importance, que les âges glorieux qui
nous ont précédés l'environnèrent de tant de garanties et en for-
mulèrent les règles avec une sagesse et une profondeur de vue
telle que le *Ratio studiorum*, où nous les retrouvons, passe aux
yeux de nos ennemis mêmes, pour un monument unique de dé-
vouement éclairé à Dieu, à la jeunesse et à la science.

Saint Ignace, en en posant lui-même les larges bases dans ses
Constitutions, nous apprenait quelle était, à son jugement, l'importance de cette œuvre. Il était à peine descendu dans la tombe,
que le P. Ribadeneira, un de ses compagnons, écrivait de son
côté : « Pour remédier aux affreuses calamités de notre époque,
il n'est point de remède plus souverain, plus facile, plus divin
que la bonne et saine éducation de la jeunesse. » Ferdinand Cas-
tillo, de l'ordre des Frères Prêcheurs[1], assure que l'illustre
saint Dominique se proposait de faire enseigner par ses disciples, non-seulement les sciences sacrées, mais encore les lettres
humaines : « Il comprenait, dit-il, que c'était là le chemin le plus
court pour ramener à Dieu les sociétés. *Quod enim intelligeret
hanc esse convertendis ad Deum civitatibus, compendiosissi-
mam viam.* » Qui s'étonnerait d'entendre des saints s'exprimer

---

[1] *Posser.*, l. I, ch. xxxviii.

ainsi sur une vérité que les philosophes païens eux-mêmes
avaient reconnue et proclamée si haut ? Platon, après avoir
affirmé dans ses écrits que « rien au monde ne peut être com-
paré à l'éducation de la jeunesse, » ajoute : « C'est d'elle seule que
dépend le salut des empires. » Aussi voulait-il que le ministère de l'enseignement fût considéré comme la première et de
beaucoup la plus importante des magistratures dans un État
(Leg., vi). « Les meilleures lois, dit à son tour Aristote, sont
inutiles sans la bonne éducation des enfants. » — « Quel service
plus important, plus signalé pensons-nous rendre à la patrie,
s'écriait Cicéron, que d'instruire et d'élever la jeunesse ? *Quod
enim munus reipublicæ afferre majus meliusve possumus,
quam si docemus et erudimus juventutem[1] ?* » — Gloire, richesses, naissance, rien, au témoignage de Plutarque, ne mérite
d'être autant estimé qu'une bonne éducation. — « J'ai toujours
pensé, poursuit Leibnitz, que l'on réformerait le genre humain,
si l'on réformait la jeunesse : c'est là le premier fondement de
la félicité humaine. » On est moins surpris, après cela, de voir
l'austère saint Jérôme, dans sa solitude de Bethléem, ne point
dédaigner la formation intellectuelle de petits enfants, au point
de s'attirer la censure de Rufin, qui lui reprochait « d'expliquer,
non-seulement son Virgile *(Maronem suum)*, mais des poëtes
comiques et lyriques, des historiens à de jeunes enfants, qu'il
avait mission d'élever dans la crainte de Dieu[2]. » Enfin, on
comprend ce cri d'admiration et d'enthousiasme de saint Jean
Chrysostome : *Quid majus quam adolescentulorum mores fin-
gere ?* Mais tout nous le dit, cette formation sera sérieuse, grande
et féconde à proportion que nous nous efforcerons de la régler
sur les grands modèles que nous en ont laissés la sagesse et la
vertu de nos ancêtres.

[1] De Div., ii.
[2] Sacchini, *Protrepticon*; n° Jouvency, *Ratio docendi.*

LYON. — IMPRIMERIE PITRAT AINÉ, RUE GENTIL, 4.